Richard Rohr

Entscheidend ist das UND

RICHARD ROHR

Entscheidend ist das UND

Kontemplativ leben UND engagiert handeln

aus dem Amerikanischen übersetzt
von Bernardin Schellenberger

CLAUDIUS

Titel der amerikanischen Originalausgabe:
A Lever And A Place To Stand: The Contemplative Stance, The Active Prayer Copyright © Richard Rohr under arrangement with WCCM – The World Community for Christian Meditation

Die Bibelzitate sind der Deutschen Einheitsübersetzung von 1980 entnommen.
Der Text auf Seite 9-10 ist entnommen aus: Richard Rohr, Pure Präsenz. Sehen lernen wie die Mystiker, Claudius Verlag, München 2010, S. 219-200.

FSC www.fsc.org MIX Papier aus verantwortungsvollen Quellen FSC® C083411

CPI Mehr Bäume. Weniger CO_2. www.cpibooks.de/klimaneutral

Bibliografische Informationen Der Deutschen Nationalbibliothek
Die Deutsche Nationalbibliothek verzeichnet diese Publikation in der Deutschen Nationalbibliografie; detaillierte bibliografische Daten sind im Internet über <http://dnb.d-nb.de> abrufbar

Birkerstraße 22, 80636 München
www.claudius.de

Umschlaggestaltung: Mario Moths, Marl
Druck: CPI – Clausen & Bosse, Leck

ISBN 978-3-532-62433-3

Die Benediktiner haben den Franziskanern schon immer den Boden bereitet und sie gesegnet. Begonnen hat es damit, dass sie dem heiligen Franziskus Portiunkula, die „kleine Portion Land", geschenkt haben.
So widme ich dieses Buch sehr gern Pater John Main OSB und Pater Laurence Freeman OSB und bedanke mich bei ihnen dafür, dass sie mir – und unserer Welt – viel mehr als bloß eine kleine Portion ihrer Inspiration und Ermutigung haben zukommen lassen, mir zahlreiche spirituelle Hebel gereicht und etliche sehr gute Standpunkte geboten haben.
Wir alle bedanken uns bei ihnen dafür sehr herzlich!

„Gott lässt meist dann Fragen kommen,
wenn er vorhat, sie zu lösen."
Thomas Merton

Inhalt

Das wunderbare „Und“

„Und“ lehrt uns, ja zu sagen.
„Und“ erlaubt uns, *sowohl als auch* zu sein.
„Und“ schützt uns vor dem *Entweder-oder.*
„Und“ lehrt uns, geduldig und langmütig zu sein.
„Und“ bewahrt uns vor dualistischem Denken.
„Und“ zerspaltet die Gegenwart nicht.
„Und“ hilft uns, im ewig unvollkommenen Jetzt zu leben.
„Und“ lässt uns allem gegenüber aufnahmebereit und mitfühlend sein.
„Und“ verlangt, dass unsere Kontemplation zur Aktion wird.
„Und“ besteht darauf, dass unsere Aktion immer auch kontemplativ ist.
„Und“ heilt unseren Rassismus, Sexismus und Heterosexismus und unser Klassendenken.
„Und“ bewahrt uns vor der falschen Wahl zwischen progressiv *oder* konservativ.
„Und“ erlaubt uns, immer beide Seiten zu kritisieren.
„Und“ erlaubt uns, immer beide Seiten zu würdigen.
„Und“ reicht weiter als jede Einzelnation oder politische Partei.
„Und“ hilft uns, die eigene dunkle Seite zu sehen und anzunehmen.
„Und“ ermöglicht uns, um Vergebung zu bitten und uns zu entschuldigen.
„Und“ ist das geheime Paradoxon in allen Dingen.
„Und“ ist der Weg der Barmherzigkeit.
„Und“ macht praktische Liebe im Alltag möglich.
„Und“ traut keiner Liebe, die nicht zugleich Gerechtigkeit ist.

„Und“ traut keiner Gerechtigkeit, die nicht zugleich Liebe ist.
„Und“ lässt die Parole „meine Religion gegen deine Religion“ weit hinter sich.
„Und“ erlaubt uns, klar *und zugleich* eins zu sein.
„Und“ ist das eigentliche Geheimnis der Trinität.

Vorwort

Während einer großen religiösen Konferenz in Los Angeles, auf der zahlreiche Schriftsteller und Fachleute vor Hunderten von Gläubigen und Suchenden aus dem ganzen Land sprachen, fragte mich vor einigen Jahren ein im katholischen Verlagswesen tätiger Freund, ob ich Lust zu einem Abendessen mit Richard Rohr hätte. Ich gab ihm zur Antwort: „Ist das dein Ernst? Natürlich habe ich Lust dazu." Ich war schon lange ein Bewunderer von Richard Rohrs großartigem Werk. Seine Bücher und Vorträge erinnern mich immer – *immer!* – an das, was die Zuhörer Jesu seinerzeit oft von diesem erstaunlichen Zimmermann aus Galiläa gesagt haben: „Er spricht mit Vollmacht!" Rohrs direkte Art, über das christliche spirituelle Leben zu sprechen, beruht ganz offensichtlich auf einem zutiefst kontemplativen Standpunkt. Das hat zur Folge, dass seine Bücher die Menschen oft mit Einsichten verblüffen, die ihnen vollkommen neu und zugleich wunderbar vertraut vorkommen. Es ist, als helfe er uns, eine wunderschöne Wahrheit neu zu entdecken, die wir irgendwie vergessen haben.

„Vielleicht entspricht er aber gar nicht meinen Erwartungen?", überlegte ich. Schon vor Jahren hatte ich seine Bücher gelesen und in meinem Regal stand ein schon recht abgegriffenes, mit vielen Unterstreichungen versehenes Exemplar seiner Einführung ins kontemplative Gebet mit dem Titel *Everything Belongs* (deutsch: *Wer loslässt, wird gehalten,* Claudius Verlag, München 2001). Sollte der Mann in der persönlichen Begegnung wirklich mit dem Eindruck mithalten können, den er mit seinen Büchern und Vorträgen machte?

Ich begriff gar nicht recht, wie jemand, der sich derart

tiefgründig ins Leben Christi, in die jüdische und christliche Heilige Schrift, in die Lebensgeschichten der Heiligen und vor allem in die Geschichte seines geliebten Franziskus von Assisi vertieft hatte, genau so sein könnte, wie es dann schließlich Richard Rohr an diesem Abend doch war: bescheiden, aufmerksam, tiefgründig, einfühlsam, kurz: lebendig. Am meisten überraschte mich bei unserem freundschaftlichen Abendessen, dass der berühmte Mann überhaupt nicht daran interessiert schien, über sich selbst, seine vielen Bücher und Vorträge und nicht einmal über sein großartiges „Center for Action and Contemplation" zu sprechen, das Menschen, die sich aktiv für soziale Gerechtigkeit einsetzen, im sonnengebleichten Buschland von New Mexico einen Ort der stillen Meditation bietet. Vielmehr zeigte er sich zutiefst interessiert am anderen oder genauer, den anderen, nämlich den zwei Menschen, mit denen er an diesem Abend speiste. Ganz ähnlich stelle ich mir vor, wie Jesus immer mit liebevoller Aufmerksamkeit denen zugewandt war, mit denen er aß, arbeitete und betete.

Richard Rohrs neues Buch *Entscheidend ist das UND (A Lever and a Place to Stand)* ist – typisch für ihn – wieder eine Perle. Es ist getragen von jener klarsichtigen und einfühlsamen Weisheit, die die Leserinnen und Leser seit Langem von diesem heutigen spirituellen Meister erwarten. Am Abend meiner persönlichen Begegnung mit ihm verblüffte mich Richard Rohr mit seiner schlichten Menschlichkeit. Ich wünsche Ihnen, den Leserinnen und Lesern dieser Seiten, dass er bei Ihrer lesenden Begegnung mit ihm Sie mit Einsichten und Gedanken verblüfft, die Ihnen helfen, der Mensch zu werden, als der Sie gedacht sind: als der von Gott geschaffene Mensch.

Rev. James Martin SJ

Danksagung

Mein herzlicher Dank gilt dem John-Main-Seminar der *World Community for Christian Meditation* in London. Der Buchtext geht auf den Anfangsteil eines John-Main-Seminars zurück. Das John-Main-Seminar gehört zu den größeren jährlichen Veranstaltungen der *World Community for Christian Meditation,* die Mitglieder aus der ganzen Welt zusammenführt und allen offensteht. Das Seminar wird stets von einem prominenten Lehrer oder einer bekannten Persönlichkeit geleitet. Diese Aufgabe wurde mir im Jahr 2005 zuteil.

Richard Rohr
Ostern 2010

Zur Einführung

Klarheit und der Heilige Geist. Die größte Kunstform

„Ich sterbe an Klarheit und am Heiligen Geist."
Thomas Merton

Aktion und Kontemplation bezeichne ich als die größte Kunstform, denn genau das ist sie nach meiner Überzeugung. Sie liegt all den anderen, sichtbareren Formen zugrunde, die wir in großartiger Bildhauerei, Musik, Literatur und Malerei und ganz besonders in der Kunstform der menschlichen Charakterbildung sich ausdrücken sehen. Wenn Aktion und Kontemplation, diese beiden eines sind, entstehen immer Schönheit, Symmetrie und verwandelnde Form, also Leben und Handlungen, die von sich aus strahlen und heilen, sogar mit dunklen Bildern.

Bei den meisten Menschen beginnt dieser Prozess auf der Seite der Aktion, also des aktiven Tätigseins. Das gilt mit Sicherheit bei den meisten von uns für die erste Lebenshälfte, sogar für introvertierte Menschen. Wir lernen, wir experimentieren, wir probieren, wir tun etwas, wir stolpern, wir fallen, wir zerstören etwas und wir finden etwas. Das spielt sich weitgehend in der äußeren Welt des Tuns ab; es beginnt mit Krabbeln, Gehen, Spielen und Sprechen. Allmählich wird die Bühne für diese „Aufführungen" Schritt um Schritt größer, aber wir bauen immer noch an unserer eigenen guten Bühne, um auf ihr zu agieren. (Wir wissen das bloß noch nicht!)

Aber auch während dieser Zeit spielt das Innere eine Rolle: Gedanken, Gefühle und Fantasievorstellungen, vielleicht sogar Studium, Gebet oder diszipliniertes Denken. Das können wir allerdings noch nicht Kontemplation nennen. All dies ist notwendigerweise und fast immer *selbstbezogen,* im guten wie im schlechten Sinn. Wir sollten uns nicht von der Tatsache abschrecken lassen, dass es an diesem Punkt immer noch weithin um unser „Ich" geht und darum, die eigene, uns angemessene Schaubühne zu finden. *Das muss so sein* und das ist gut so. Jedoch ist das noch nicht die große, geschweige denn die größte Kunstform des Einsseins von Aktion und Kontemplation, von der hier die Rede sein soll. Über das erste Stadium müssen wir hinausgehen.

Alle unsere Handlungen und Überlegungen können wir dazu einsetzen, um entweder weiter oder um enger zu werden. Schon früh geht es bei der Unterweisung und Anleitung, die wir brauchen, stärker um einen Prozess als um Inhalte. *Wie* kann ich mein Handeln (meine „Aktion") und meine Überlegungen so einsetzen, dass ich weiter werde statt enger? *Wie* kann ich auf Gott horchen und Gottes *Stimme* erkennen lernen, statt bloß Gottes genauen Namen und seinen Plan? *Wie* kann ich mir „in der Hölle" mein Herz, meinen Geist und meine Seele bewahren?

Eine frühe Form der spirituellen Unterweisung sollte der Überzeugung gelten: Nicht *was* ich sehen sollte, ist das Wichtigste, sondern *wie* ich sehen sollte. Das lässt sich allerdings, so fürchte ich, gewöhnlich nicht in Buch- oder Katechismusform vermitteln; man übernimmt es weithin, indem man von Eltern und signifikanten Anderen davon „angesteckt" wird. Ist das vielleicht die eigentliche Form der Handauflegung, der tiefste Sinn des Begriffs der „apostolischen Sukzession"? Vermutlich wird auf diesem Weg der Heilige Geist von Gefäß zu Gefäß weitergegeben.

Wenn man aber eine derartige Seelentätigkeit erwirbt, bleibt man im Zustand des Wachstums – und die kontemplative Seite der Seele wird allmählich ans Licht kommen. Dafür gibt es bereits in der ersten Lebenshälfte „Hinweise und Vermutungen" – *hints and guesses* –, wie der Lyriker und Dramatiker T. S. Eliot gesagt hätte. Manche auserwählte Menschen wie die Mystikerin Thérèse von Lisieux oder der britische Lyriker Gerard Manley Hopkins scheinen diese Hinweise begriffen und diese Vermutungen angestellt zu haben. Doch bei den meisten von uns vollzieht sich ein längerer Prozess, in dessen Verlauf wir von jener „Klarheit und dem Heiligen Geist" angezogen werden, die der spirituelle Lehrer Thomas Merton im obigen Zitat erwähnt. Bemerkenswerterweise spricht Merton davon, dass er an dieser Klarheit „stirbt". Wenn wir in der ersten Hälfte unseres Lebens mittels unserer Handlungen und über diese hinaus in das Geheimnis hineingezogen werden, fühlt sich das wie eine Art Sterben an, ist aber ein Sterben in etwas hinein, das sich immer größer und klarer anfühlt. Zunächst jedoch ist die Kontemplation eine Reihe von Verlusten, und zwar verlieren wir weithin unsere Illusionen. Falls der frühe Prozess des *„Wie"* nicht tief greifend war, werden wir alles, was wir aufnehmen, und unser Handeln dazu benutzen, um uns zu verteidigen, uns vor unserem Schatten zu schützen und uns einen gusseisernen Kanaldeckel zu verfertigen, mit dem wir unser Unbewusstes abdecken. In diesem Status werden wir uns einrichten, statt heilig und ganz einfach nur rechtschaffen zu sein, und lieber Gebete sprechen als selbst zum Gebet zu werden.

Das Ego will sich absichern und alles im Griff haben. Nur die Seele sucht nach Sinn und Geheimnis. Daran lässt sich der Unterschied erkennen, ob uns das eigene Ego leitet oder „Klarheit und der Heilige Geist"! Wenn wir es nicht fertiggebracht haben, auf diese tiefere Seelenschicht zu hören und sie zuzulassen, setzen wir alle unsere Rollen und Beziehungen und sogar unsere Religion dazu ein, unser Ego und unser privates Lebensprogramm abzusichern. Womöglich verrichten wir dabei sogar eine Menge Gebete, aber das eröffnet nicht die weiträumige Welt der Kontemplation. Wir bleiben dualistisch, halten an langatmigen Frömmigkeitsformen fest und brauchen davon immer wieder andere, weil alle bisherigen nicht richtig funktioniert haben. In diesem Stadium haben wir das „weite Feld“ noch nicht betreten und die „Klarheit“ hat sich noch nicht eingestellt.

„Wenn ihr betet, sollt ihr nicht plappern wie die Heiden“ (Matthäus 6,7), sagt Jesus. Die Kontemplation wartet auf die Augenblicke, ja schafft solche, in denen alles Gebet sein kann. Sie lehnt die Aufspaltung in Aktion und Kontemplation sogar rundweg ab. Kontemplation ist ihrem Wesen nach eine nichtduale Bewusstheit, die die Kluft zwischen mir und Gott, Außen – Innen, Entweder – Oder, Ich – Du überwindet (vgl. Richard Rohr, *Pure Präsenz,* Claudius Verlag, München 2010). Es gibt allerdings nur wenige wirklich in der Aktion kontemplative Menschen, denn die meisten von uns haben sich ganz besonders auf religiösem Gebiet ein Diplom in dualistischem Denken erworben.

Nach vorn weitergeführt werden wir durch die Klarheit. Darunter verstehe ich ein „umfassenderes Kraftfeld“, das das Negative, Problematische, Schwierige und Unbekannte mit einschließt, also alles, was wir noch nicht verstehen, das Geheimnisvolle, das Gott immer ist. Klarheit steht nicht für den Ausschluss oder die Leugnung von irgendetwas.

Das Paradoxe am Ego-„Bewusstsein“ ist, dass es immer das Unbewusste ausschließt und eliminiert. Es ist also in Wirklichkeit alles andere als bewusst! Es legt großen Wert auf Wissen und Gewissheit und lehnt alles Nichtwissen ab. Deswegen verdecken alle Menschen, die sich für vollständig bewusst, also für gescheit halten, ihr Unbewusstes mit diesem gusseisernen Kanaldeckel. Dadurch bekommen sie alles in den Griff, lernen aber kaum Mitgefühl oder Weisheit. Genau aus diesem Grund müssen wir damit rechnen, dass Politiker, Priester und Chefs jeglicher Art von Einrichtungen immer wieder scheitern und fallen werden, wenn das innere Geheimnis sich durch sie und bei ihnen durchsetzt.

Die Schönheit des Unbewussten besteht darin, dass es ungemein viel Persönliches und auch Kollektives weiß, zugleich aber auch immer um sein Nichtwissen weiß und sich über das im Klaren ist, was sich nicht sagen, beweisen oder behaupten lässt. Das Unbewusste weiß nämlich, dass alles *immer mehr als dies ist und dass darum alle Wörter zu kurz greifen.* Kontemplativ ist, wer willens ist, in dieser Art von Klarheit zu leben. Paradoxerweise fühlt sich diese Klarheit überhaupt nicht klar an, sondern wie etwas, was Johannes vom Kreuz „lichtvolle Finsternis" genannt hat; andere sprechen von „wissendem Nichtwissen".

Zusammenfassend: Wir können in dieser großartigen Kunstform der Integration von Aktion und Kontemplation nur reifen, wenn wir große Toleranz gegenüber Zwiespältigkeit aufbringen, über die Fähigkeit verfügen, ein gewisses Maß an Angst zuzulassen, zu verzeihen und auszuhalten, und bereit sind, nicht zu wissen und gar nicht wissen zu müssen. Auf diese Weise lassen wir das Geheimnis zu und können ihm begegnen.

Letztlich sind wir dazu nur in der Lage, wenn uns während dieses Sterbeprozesses jemand hält und uns unsere Angst nimmt. Dieser Jemand muss auch das Wissen übernehmen. Zudem muss er ein wirklich großartiger und erfüllender Liebhaber sein! Wenn wir zulassen können, dass ein anderer seinen ganz eigenen Weg mit uns geht, kehren wir mit ganz neuer Vitalität in unser tätiges Leben zurück und es wird uns leichter fallen. Es wird vom „Flow" getragen sein, dieser geheimnisvollen vitalen Fließkraft, der wir uns überlassen. Nicht mehr wir werden es sein, die aktiv handeln oder sich der Kontemplation widmen, sondern das Leben dessen, der in uns lebt (vgl. Galater 2,20), handelt jetzt für uns und mit uns und *als wir!* Ab hier kommt es überhaupt nicht mehr darauf an, ob wir aktiv *oder* kontemplativ sind, kontemplativ *oder* aktiv, denn der „Flow“, der jetzt und für immer die Welt liebt und heilt, umfasst beides. Auf diese Weise „sterben wir an Klarheit und am Heiligen Geist.“ Das ist die höchste Kunstform.

Ein Hebel und ein fester Punkt

„Gebt mir einen festen Punkt außerhalb der Erde
und ich hebe die Welt aus den Angeln.“
Archimedes

Der griechische Philosoph und Mathematiker Archimedes (um 287–um 212 v.Chr.) befasste sich unter anderem mit dem Phänomen, dass man mit einem an der richtigen Stelle, nämlich am passenden Drehpunkt angesetzten Hebel proportional viel größere Gewichte bewegen kann, als die Kraft beträgt, die man dabei tatsächlich einsetzen muss. Archimedes spielte gedanklich durch, wie es wäre, wenn er an einem festen Punkt im Weltraum einen Hebel ansetzen würde, an dessen einem Ende die Erde wäre und am anderen er selbst mit seinem Gewicht. Sein Gewicht würde proportional zum Abstand von diesem Drehpunkt größer werden. Wenn sich die Erde im Abstand x vom Drehpunkt am einen Ende des Hebels befände und er selbst am anderen Ende im Abstand von einer Million mal x vom Drehpunkt, dann würde sein geringes Gewicht eine Million mal verstärkt und somit könnte er theoretisch die Erde aus den Angeln heben. Wäre der Hebel lang genug und der Drehpunkt noch näher bei der Erde, dann müsste sogar ein noch geringeres Gewicht ausreichen, um durch den Hebel die Erde zu bewegen. Diese Vorstellung ist eine wunderbare Metapher für das, was ich im vorliegenden Buch zum Thema Kontemplation und Aktion ausführen möchte.

Der feste Punkt ist der Ort, an dem wir stehen. Es handelt sich um einen kontemplativen Standpunkt: stetig, zentriert, ausbalanciert und verwurzelt. Um kontemplativ sein zu können, brauchen wir einen leichten Abstand von der Welt: Wir müssen uns Zeit nehmen, um uns von unseren üblichen Geschäften zurückzuziehen und uns in dem, was Jesus „unsere Kammer“ nennt (Matthäus 6,6), der Meditation und dem Gebet zu widmen. Damit das aber nicht zur Weltflucht wird, müssen wir zugleich der Welt sehr nahe bleiben, sie lieben und ihre Schmerzen und ihre Freuden als *unsere* Schmerzen und *unsere* Freuden mitempfinden. Folglich muss also der Drehpunkt irgendwie in der realen Welt bleiben. Alle großen Meister lehren, dass die wahre Kontemplation am Boden und ganz praktisch bleibt und keinen Rückzug ins Kloster erfordert. Sie ist einfach nur eine völlig andere Art, für den gegenwärtigen Augenblick und für alles Leben von überall her offen zu sein. Um „die Welt bewegen“ zu können, brauchen wir paradoxerweise einen gewissen äußeren und inneren Abstand von der zerstreuenden Natur der Massenkultur, von nutzlosen Ablenkungen und den tagtäglichen Illusionen des falschen Selbst. Die Kontemplation fußt auf dem harten Boden der Realität, so wie sie ist, und das ohne jede Ideologie, Leugnung oder Fantasievorstellung.

Der heilige Franziskus und Thomas Merton wirken bis heute nach, obwohl sie bloß einzelne Menschen waren. Beide kritisierten die Konsumkultur radikal und zugleich liebten sie die Welt. Sie überwanden diese scheinbare Spannung und fanden dahinter das, was ich hier als das „vereinte Feld“ bezeichnen möchte. Thomas Merton nannte es „eine verborgene Ganzheit“ *(a hidden wholeness)* und Franziskus besang es in seinem berühmten „Sonnengesang“, der praktisch zum Programmlied der christlichen Umweltbewegung wurde.

Ich deute die Entdeckung des Archimedes allegorisch. Häufig haben wir keinen festen Standpunkt, keinen Hebelpunkt in kritischer Distanz, und deshalb können viele von uns ihren Hebel, ihr echtes „Umsetzsystem" nicht finden, mit dem sie unsere Welt verrücken könnten. Wir verfügen nicht über die Stetigkeit des spirituellen Übens und sind deswegen nicht klarsichtig und bleiben nicht vital. Umgekehrt fehlt denjenigen, die die Möglichkeit zum spirituellen Üben haben, nämlich die Menschen im Kloster, oft der Zugang zu einem Punkt, von dem aus sie zu unserer Welt sprechen oder ihr wirksam helfen könnten. Wir Mönche haben gewöhnlich über die Religion hinaus in der Welt kein „Umsetzsystem" und das schwächt unsere Fähigkeit, Brücken zu bauen und Verbindungslinien zwischen den Einzelpunkten des Lebens zu ziehen.

Für echte spirituelle Autorität ist zwar ein gewisses Maß an innerer Erfahrung notwendig, aber letztlich brauchen wir auch irgendeine Form von äußerer Bestätigung. Wir können nicht bloß „innerliche" Menschen sein, sondern müssen auch im Äußeren als kompetente und engagierte Individuen ernst genommen werden. Könnte das vielleicht gemeint sein, wenn Jesus sagte, wir sollten „klug wie die Schlangen und arglos wie die Tauben" sein (Matthäus 10,16)? Gott bietet uns den stillen kontemplativen Blick, aber er ruft uns zugleich auch auf, uns angesichts der Schmerzen und Leiden unserer Welt prophetisch und kritisch zu engagieren. Die Verbindung von Kontemplation und Engagement im Leben und öffentlichen Wirken Jesu ist so offensichtlich, dass man sich fragen kann, wie überhaupt ein Zweifel daran bestehen kann.

Wenn uns jegliche innere Gotteserfahrung und Gnade und alles innere Bewegtsein von der Liebe und vom Leben fehlen, haben wir auch keinerlei spirituelle Autorität. Bloße Titel oder eine Weihe können diese Autorität nicht ersetzen. Die Menschen verlangen heute echte innere Erfahrung und innere Autorität und sie haben ein Recht darauf. Jesus selbst war weder Rabbi noch ausgebildeter

Gesetzeslehrer, sondern ein schlichter Laie, aber er kannte Gott und wusste um Gottes Wege. Und bei den Zwölf, die er ausgewählt hatte, verhielt es sich ebenso, nachdem sie durch seine Schule gegangen waren.

Menschen haben ein Gespür dafür, wenn jemand bloß Phrasen drischt, an die er kaum selber glaubt, wenn er Grundsätze verkündet, in denen er nicht wirklich verwurzelt ist, und Lehren vertritt, die nichts anderes sind als Lehrbuch-Antworten. Die Kirche nennt die den guten Menschen angeborene Weisheit zu Recht den *sensus fidelium.* Damit sind ein gewisser christlicher gesunder Menschenverstand und eine tiefe Intuition gemeint, mit der man intuitiv schmeckt, riecht und spürt, ob der wahre Geist Gottes und Jesu spürbar wird (1. Johannes 1,1). Der wahre Geist unterscheidet sich von dem, was man anderen bloß vormacht oder was schlicht unreif ist. Die globalen Probleme unserer Welt sind viel zu drängend, als dass wir uns mit weniger als dem *sensus fidelium* zufriedengeben könnten. Vermutlich mehr als alles andere kann uns die Kontemplation in den Bereich des *sensus fidelium* versetzen, in das „vereinte Feld" des Heiligen Geistes.

Die klassischen christlichen Polaritäten von Aktion und Kontemplation nähren sich glücklicherweise immer gegenseitig, sie regulieren, integrieren und gleichen einander aus. Schon um etwas gut zu kennen, *müssen wir zunächst etwas tun!* (Aus diesem Grund habe ich bei der Namensgebung für unser Zentrum in Albuquerque in New Mexico das Wort *Aktion* vor das Wort *Kontemplation* gestellt.) Die unausweichlichen Grenzen und Fehlschläge unseres „Tuns" führen in die Kontemplation zurück und tiefer in sie hinein. Damit beginnt der Kreislauf von Leben und Gebet. Nach einiger Zeit wissen wir nicht mehr, ob die Aktion die Kontemplation nährt oder umgekehrt. Beide leben dank des jeweils anderen, keines nur aus sich selbst.

Schließlich werden wir sowohl unseren Hebel als auch unseren festen Standpunkt haben und von dort aus können wir unser kleines Stück Welt bewegen, weil wir selbst in unserem Inneren von einem viel umfassender „Flow“ bewegt werden.

Wir amüsieren uns zu Tode

Neil Postman hat 1985 ein Buch geschrieben, das auch heute noch, nach über 25 Jahren, gekauft und gelesen wird: *Wir amüsieren uns zu Tode.* Postman macht in diesem Buch darauf aufmerksam, dass das heutige Bildungswesen, der Journalismus, die Religion und nahezu der gesamte öffentliche Diskurs weithin die Form der Unterhaltung angenommen haben. Nach seinen Worten amüsieren sich die Amerikaner buchstäblich zu Tode. Das Buch beginnt folgendermaßen:

„In banger Erwartung sahen wir dem Jahr 1984 entgegen. Als es kam und die Prophezeiung nicht eintrat, stimmten nachdenkliche Amerikaner verhaltene Loblieder an – auf sich selbst. Die Wurzeln der freiheitlichen Demokratie hatten gehalten. Mochte anderswo der Terror ausgebrochen sein – uns zumindest hatten Orwells Alpträume nicht heimgesucht.

Aber wir hatten vergessen, dass es neben Orwells düsterer Vision eine zweite gegeben hatte – ein wenig älter, nicht ganz so bekannt, ebenso beklemmend: Aldous Huxleys *Schöne neue Welt.* Entgegen einer auch unter Gebildeten weit verbreiteten Ansicht haben Huxley und Orwell keineswegs dasselbe prophezeit. Orwell warnt vor der Unterdrückung durch eine äußere Macht. In Huxleys Vision dagegen bedarf es keines Großen Bruders, um den Menschen ihre Autonomie, ihre Einsichten und ihre Geschichte zu rauben. Er rechnete mit der Möglichkeit, dass die Menschen anfangen, ihre Unterdrückung zu lieben und die Technologien anzubeten, die ihre Denkfähigkeit zunichtemachen.

Orwell fürchtete diejenigen, die Bücher verbieten. Huxley befürchtete, dass es eines Tages keinen Grund mehr geben könnte, Bücher zu verbieten, weil keiner mehr da ist, der Bücher lesen will. Orwell fürchtete jene, die uns Informationen vorenthalten. Huxley fürchtete jene, die uns mit Informationen so sehr überhäufen, dass wir uns vor ihnen nur in Passivität und Selbstbespiegelung retten können. Orwell befürchtete, dass die Wahrheit vor uns verheimlicht werden könnte. Huxley befürchtete, dass die Wahrheit in einem Meer von Belanglosigkeiten untergehen könnte. Orwell fürchtete die Entstehung einer Trivialkultur, in deren Mittelpunkt Fühlfilme, Rutschiputschi, Zentrifugalbrummball und dergleichen stehen [das sind die Namen, die Huxley in seinem Roman den Drogen, dem Sex und den technologischen Zerstreuungen gibt]. Wie Huxley in *Dreißig Jahre danach oder Wiedersehen mit der ‚Schönen neuen Welt' (Brave New World Revisited)* schreibt, haben die Verfechter der bürgerlichen Freiheiten und die Rationalisten, die stets auf dem Posten sind, wenn es gilt, sich der Tyrannei zu widersetzen, ‚nicht berücksichtigt, dass das Verlangen des Menschen nach Zerstreuungen fast grenzenlos ist'. In *1984,* so fügt Huxley hinzu, werden die Menschen kontrolliert, indem man ihnen Schmerz zufügt. In *Schöne neue Welt* werden sie dadurch kontrolliert, dass man ihnen Vergnügen zufügt. Kurz, Orwell befürchtete, das, was uns verhasst sei, werde uns zugrunde richten. Huxley befürchtete, das, was wir lieben, werde uns zugrunde richten." (Neil Postman, *Wir amüsieren uns zu Tode. Urteilsbildung im Zeitalter der Unterhaltungsindustrie,* Frankfurt/Main 1985, 7-8)

Neil Postman schreibt in seinem Buch über die Möglichkeit, dass in Wirklichkeit Huxley Recht haben könnte und Orwell weit daneben gelegen hat. Diese Überlegung stimmt mit dem zusammen, worum es mir in diesem Buch geht: dass ein inneres Leben äußerst wichtig ist, ein in der Kontemplation gegründetes Leben, ein Leben, das nach der verborgenen Ganzheit unterhalb aller vergänglichen Phänomene sucht, ein Leben, das auf Substanz aus ist, statt sich nur endlos mit Formen zu beschäftigen.

Der Westen – und insbesondere Amerika – ist fasziniert von Formen. Wir lieben die unbeständigen Dinge, vielleicht deshalb, weil sie uns auf nichts Festes oder Bleibendes festlegen können. Wir lassen uns in einer oberflächlichen und vergänglichen Welt umstrittener Vorstellungen treiben. Daraus erwächst allerdings kaum Frucht. Als Folge scheinen mir vielmehr die Menschen ihrer selbst höchst unsicher zu sein und auf der Suche nach einem Augenblicksgefühl der Identität oder des Wichtigseins anscheinend ständig in alle Richtungen zu greifen. Das lässt sich ganz besonders bei jungen Menschen beobachten.

Der französische Dichter Charles Peguy schreibt in seinem Buch *Notre jeunesse: tout commence en mystique et finit en politique,* dass „alles als Mystik beginnt und als Politik endet". Alles, was wahrer Mühe wert ist, fügt die zwei Elemente zusammen, die gar nicht zusammengehörig erscheinen, aber auf einer tieferen Ebene schon immer zusammengehören. Das Ziel besteht darin, die Menschen auf diese tiefere Ebene zu bringen, also auf das „vereinte Feld" oder das, was ich das nichtduale Denken nenne, bei dem einzig Gott die Widersprüche zusammenhalten kann.

Die Frage, ob Aktion oder Kontemplation wichtiger ist, ist unlösbar, denn beides geht in Ewigkeit in eins, stellt also zwei Seiten derselben Medaille dar. Nicht *Aktion* ist also das wichtigste Wort und nicht *Kontemplation,* sondern das *UND* ist das wichtigste Wort. Wie also können wir Aktion und Kontemplation vollkommen zusammenbringen? Normalerweise beginnen wir mit einem mystischen Augenblick und enden in dem, was wie Politik aussieht. Das ist der große Tanz, in dessen Richtung wir uns in der christlichen Spiritualität zu bewegen versuchen.

Lange habe ich mich mit den Werken des Kontemplationslehrers John Main nur beiläufig befasst. Er war für mich einer unter vielen guten Lehrern und er hat mich nie enttäuscht. Main macht um seine Themen nicht viel Aufhebens. Die oberflächliche Lektüre beeindruckt oft nicht sehr, doch als ich mich vor einiger Zeit in seine Gedanken vertiefte, stellte ich fest: „Wie recht er hat, wie recht!“ John Main ist ein großartiger Lehrmeister bezüglich des notwendigen festen Punkts, des Standorts. Die Stabilität des Mantras und die tägliche Praxis der zweimaligen formellen Meditation bilden für ihn diesen festen Punkt.

Zugleich finde ich John Main als Lehrer des Tanzes von Kontemplation und Aktion hilfreich. Er ist ein Prophet, wenn auch nicht ganz augenfällig, sondern eher mit dem, was er *nicht* sagt: Er kommt nicht ausdrücklich auf soziale Fragen oder aktuelle politische Themen zu sprechen. Stattdessen lenkt er unsere Aufmerksamkeit von den uns unterhaltenden „Themen“ ab und offenbart, wie grundlegend zerstreut und oberflächlich wir sind. Propheten sehen die Tiefen der Dinge. Dass wir an der Peripherie der Dinge leben, ist vielleicht unsere größte Sünde. John Main spricht von einem Ort kritischer Distanz gegenüber den Illusionen unserer Welt und dadurch haben seine Worte Gewicht und Substanz. Seine Lehren haben genau wie die anderer großer kontemplativer Menschen wie Thomas Merton und Franziskus tatsächlich die Kraft, die Welt zu bewegen.

Ich habe das Glück, als Franziskaner alljährlich meine Fastenzeit in einer Einsiedelei verbringen zu können. Dort bin ich von allen Nachrichten abgeschnitten und wenn ich wieder heimkomme, verblüfft es mich immer wieder, dass ich überhaupt nichts verpasst habe und mir nichts absolut Wissensnotwendiges entgangen ist. Ich finde bestätigt, was Neil Postman schreibt: Nachrichten werden weithin fabriziert, um eine halbe Stunde auszufüllen und uns das

Gefühl zu geben, diese halbe Stunde sei wichtig und bedeutend. In Wirklichkeit gibt es nach John Main „nur ein Geheimnis, eine Wahrheit, ein Leiden, eine Liebe, ein Leben; dieses zeigt sich nur in unterschiedlichen Formen." Dieses große Bild des Lebens wird nach John Mains Überzeugung von dem „universalen Bewusstsein des auferstandenen Christus" zusammengehalten. Augustinus bezeichnete dieses kreative gleichzeitige Zusammenhalten von Tod und Auferstehung als das Pascha-Mysterium oder Ostergeheimnis, das heißt als den Ort, an dem jegliche Verwandlung geschieht; als den Schwellenbereich, in dem vorübergehend Gott alles in die Hand nimmt.

In Vorträgen im Center for Action and Contemplation versuche ich zu vermitteln, wie wichtig die Verknüpfung von Aktion und Kontemplation ist. Dabei ist es hilfreich, mit 2. Mose 3 zu beginnen, der Geschichte vom brennenden Dornbusch. Mose macht in dieser Episode eine innere Erfahrung, die aber auch nach außen gespiegelt wird. Es ist eine transzendente Erfahrung, die jedoch bezeichnenderweise in die Natur hinaus verlegt ist, statt in eine Synagoge oder einen Tempel. Oft verhelfen ja die offenen Räume der Naturwelt am deutlichsten zum Erkennen der inneren Welt. Daran erinnern uns die Wüstenväter und -mütter und die keltische Christenheit. Direkt nach seiner atemberaubenden Erfahrung vernimmt Mose Jahwes Stimme: „Ich habe das Elend meines Volkes in Ägypten gesehen und ihre laute Klage über ihre Antreiber habe ich gehört. Ich kenne ihr Leid" (2. Mose 3,7). Gott lässt Mose also nicht in seiner inneren Erfahrung schwelgen, sondern gibt ihr *auf der Stelle* einen Brennpunkt, eine Konsequenz und eine Richtung. In diesem Fall geht es ausschließlich um Soziales und Politik. Wer die Befreiungstheologie für neu und gefährlich hält, ignoriert den Beginn der Geschichte der jüdisch-christlichen Religion.

In den letzten Jahren habe ich zahlreiche Vorträge über die Spiritualität der Zwölf Schritte der „Anonymen Alkoholiker“ gehalten. Ich bin der Überzeugung, dass sie tief im Evangelium wurzelt. Beim Zwölften Schritt, der ihm besonders wichtig war, erklärt Bill Wilson den Alkoholikern in früher Phase, dass sie nie ganz die Kraft und Bedeutung der ersten elf Schritte zu spüren bekommen werden, wenn sie es nicht persönlich unternehmen, diese Methode an mindestens einen anderen Menschen weiterzugeben. Das Weitergeben haben die Christen weitgehend verlernt und das hat großes Leid über sie gebracht. Ein großer Prozentsatz der Christen verliert alles wieder, was sie durch ihre private Frömmigkeit erlangt haben, weil sie die Notwendigkeit und den Wunsch aufgegeben haben, anderen zu dienen und das zurückzuzahlen, was sie selbst empfangen haben.

Dass ich in meinen 40 Jahren als Priester einigermaßen gereift bin, verdanke ich zum Teil meiner Rolle als Priester und Lehrer. 40 Jahre lang musste ich immer wieder vor vielen Menschen stehen und ihnen erklären, was ich glaube. Und immer wieder musste ich mich dabei auch fragen: „Glaube ich das wirklich selbst?“ Bei meinen Versuchen, anderen zu vermitteln, was ich glaube, stellte ich gewöhnlich fest, dass ich selbst das wirkliche Verstehen erst recht oberflächlich angekratzt habe. Häufig eignet man es sich etwas zum ersten Mal erst wirklich an und kommt zu einem vertieften Verständnis, wenn man es mit anderen teilt und an sie weitergibt.

Das hängt vermutlich damit zusammen, dass *das substanzielle Geheimnis ein Geheimnis der Teilhabe und nie des privaten Besitzes ist.* Das ist wahrscheinlich auch der Grund, warum wir nicht bloß in unserem persönlichen täglichen Gebet und unserer täglichen Meditation treu zu bleiben versuchen, sondern das Meditieren auch in Gruppen üben. Wir wollen uns versichern, dass alles, was sich ereignet hat, nicht bloß in uns selbst vorgeht, sondern in uns allen. Den *einen* Geist pflegen wir gemeinschaftlich. Es ist wichtig, den Heiligen Geist auf diese Weise zu erfahren, denn sonst kann unser Ego sich leicht aufblähen und sich einbilden, es sei besonders kontemplativ. Es geht aber darum, die Festung der Ichs zu schleifen und nicht mit irgendeiner Besonderheit oder der Überzeugung, besser zu sein als andere, das Ich zu verfestigen. Im Leib Christi besteht eine tiefe Symbiose zwischen dem, der meint, er gebe, und dem, der meint, er empfange. Was man vordergründig sieht, kehrt sich sehr oft vollständig um.

Die Meditation, wie John Main sie lehrt, führt nach meiner Überzeugung fast unvermeidlich dazu, dass man sein Verhalten ändert, seine Zeiteinteilung infrage stellt und seine gewohnten sozialen und wirtschaftlichen Ansichten und Gewohnheiten langsam, aber sicher hinterfragt. Alle Dinge, die wir für die notwendigen Abgrenzungen unseres Egos halten – die uns also unser Unabhängigkeitsgefühl geben, unsere Autonomie und unsere private Wichtigkeit –, brechen nach und nach als unnötig und sogar überhaupt nicht hilfreich weg, wenn wir regelmäßig meditieren. Das herrschsüchtige *Ich,* dieses Selbst, von dem man im Westen meint, es sei das *einzige* Selbst, ist in keiner Weise substanziell oder beständig. Es ist fast ausschließlich ein Produkt unseres eigenen Kopfes. Das Unternehmen, diese *relative Identität* abzusichern – wir bezeichnen sie übrigens als *persona* („Maske“) –, langweilt schließlich mehr und mehr. Das wahre Selbst fragt sich: „Warum sollte ich mir darum Sorgen machen?“

John Main betont vielfach, dass alles darauf ankommt, im Hier und Jetzt zu leben. Ebenso wie der spirituelle Schriftsteller Eckhart Tolle macht er aber darauf aufmerksam, dass der Kopf *unfähig* ist, im Jetzt zu bleiben. Der

Kopfmensch findet den gegenwärtigen Augenblick stets langweilig und hofft immer, dass die nächste Minute besser sein wird (so die Liberalen), oder er hätschelt (wie die Konservativen) die nostalgische Vorstellung, die Wahrheit liege irgendwo in der Vergangenheit. Unser Kopf bringt vieles fertig, in der Gegenwart bleiben kann er jedoch nicht. Er kann nur Vergangenes aufwärmen und sich um Zukünftiges Sorgen machen oder „sich um viele Dinge sorgen" (Lukas 10,41), wie Jesus Martha vorhält. Hier und jetzt gegenwärtig sein, dazu ist er nicht in der Lage.

Das Geheimnis der Gegenwart

Aus diesem Grund wird die Lehre von der Realpräsenz bei der Eucharistie im Katholizismus so wichtig genommen. Sie ist der Prüfstein der Rechtgläubigkeit, das zentrale Sakrament des Weges selbst. Wenn wir leugnen, dass das Spirituelle in die materielle Welt eingehen kann, geraten wir in Schwierigkeiten, denn wir hoffen doch, dass genau das möglich ist! Die Inkarnation hat sich nur einmal ereignet, nicht für immer und nicht in uns. Am besten begegnen wir der Inkarnation in einem konzentrierten, bewegenden Augenblick, nämlich in der Eucharistie, denn so bekommt diese partikuläre Wahrheit eine Chance, zur universalen Wahrheit zu werden. Man könnte sagen, dass wir in der Eucharistie essen, was wir sind, bis wir wissen, wer wir sind. Welch gesunde Ernährung, zu werden, was man isst!

Diese Überzeugung habe ich mein Leben lang verfochten. Doch mittlerweile ist mir aufgegangen, dass der Begriff der Präsenz – des Gegenwärtigseins – notwendigerweise ein Beziehungsbegriff ist. Wir können die Lehre von der Realpräsenz zwar entschieden verteidigen und das tue ich auch, aber wenn wir den Kindern Gottes nicht beibringen, *wie sie für die Präsenz präsent sein können, gibt es keine Realpräsenz.* Wir Katholiken neigen dazu, einen Großteil unserer Zeit dafür aufzuwenden, die objektive Seite von Glaubenslehren zu verteidigen. Darüber vernachlässigen wir sehr oft die subjektive Seite, auf der in Wirklichkeit alle Menschen leben. Hätten wir genauso viel Zeit dafür aufgewendet, den Menschen beizubringen, *wie man präsent, also gegenwärtig sein kann,* würden meiner Überzeugung nach sehr viel mehr Menschen an die Realpräsenz glauben. Unsere Kirche wäre weit weniger wegen Theorien gespalten, auf die sich ein verkopfter und irrationaler Glaube vorwiegend verlegt hat. Die Tatsache, dass man Menschen nicht gelehrt hat, wie sie selbst gegenwärtig sein können, hat zu einem 500 Jahre dauernden Streit über die Transsubstantiation (die Wandlung von Brot und Wein in den Leib und das Blut Jesu Christi in der Heiligen Messe) geführt. Mit schlecht überzeugenden Vernunftgründen hat man über das *Wie,* das *Falls* und die Frage gestritten, *wer sie vollziehen kann,* denn der Kernpunkt des Anliegens war nicht mehr die *Begegnung.* Präsenz erkennt man nur durch Präsentsein, nicht dadurch, dass man sich Gedanken und Vorstellungen darüber zurechtlegt. Jeder Mensch, der auch nur einen einzigen großartigen Augenblick menschlicher Liebe erlebt hat, weiß um diese Wahrheit.

In der Meditation stoßen wir über Lehrmeinungen und Dogmen hinaus zur inneren Erfahrung vor. Auf der Ebene der Erfahrung erkennen wir, dass wir das Selbst, das nur eine Art „Rundfunkempfänger“ ist, nicht zu wichtig nehmen sollten, denn es wählt ständig neue Sender aus und der Empfang ist verrauscht und permanent gestört. Wer sich treu an die Meditation hält, überwindet rasch die Illusion, dass ihn sein *richtiges* Denken oder gründlicheres Nachdenken über etwas jemals ans Ziel bringt. Wäre das der Fall, müsste jeder mit einem Doktortitel ein Heiliger sein. Offensichtlich ist also *Information nicht das Gleiche wie Transformation,* also Verwandlung. Alles gründliche und korrekte Denken bleibt in unserem beschränkten Kopf, unserer bestimmten Kultur, unserer Form der Ausbildung, unserer Prägung durch die Eltern verhaftet. Das ist natürlich, hat aber auch negative Seiten, denn dadurch geraten alle großen Mysterien in den Kontext unserer kleinen Welt. Deshalb sollten wir in Bezug auf unsere eigenen Meinungen und Gedanken demütig bleiben. Denn *wie sollte der Unendliche jemals vom Endlichen voll oder richtig erfasst werden können?*

Mit all unserem Wissen muss stets das demütige „Wissen, dass wir nichts wissen“ einhergehen. Aus diesem Grund bewegt sich die große Gebetstradition zwischen der *Kataphatik,* dem Wissen mittels Bildern und Worten, und der *Apophatik,* dem Wissen durch Schweigen jenseits aller Worte, dem aus den leeren Räumen um die Worte erwachsenen Wissen und dem Wissen, dass man Gott auf „unsagbare“ Weise alle Lücken füllen lässt. Im Westen ist nach den dualistischen Konflikten der Reformationszeit und der Verkopfung der Aufklärung dieser mystischere Weg fast gänzlich verloren gegangen. In der Folge hat man auch jegliche Wertschätzung der Freiheit des Nichtwissens und der Weite, gar nicht alles wissen zu wollen, verloren. Der Mensch hatte das Bedürfnis, über ausnahmslos alles Gewissheit zu erlangen, weil er sich von allen Seiten von Feinden umstellt fühlte.

Eigenartigerweise ist dieses Nichtwissen eine neue Art von Wissen, das mit dem Wort *Glauben* bezeichnet wird. Es handelt sich um eine Art von Wissen, das nicht zu wissen braucht und das Wissen trotzdem nicht abtut; eine Art von Wissen, *das nicht alles festhalten muss, weil es auf einer tieferen Ebene weiß, dass es gehalten wird.* Paulus beschreibt dieses Wissen so: „Jetzt schauen wir in einen Spiegel und sehen nur rätselhafte Umrisse, dann aber schauen wir von Angesicht zu Angesicht. Jetzt erkenne ich unvollkommen, dann aber werde ich durch und durch erkennen, so wie ich auch durch und durch erkannt worden bin" (1. Korinther 13,12). Ich habe Jahre gebraucht, um diesen Zusammenhang zu verstehen, obwohl er eine grundlegende franziskanische Lehre ist. Erst in meinen späteren Jahren hat mein Gebet die Form angenommen, dass ich selbst als nackt und bloß erkannt werde, also so, wie ich bin, in meiner ganzen Gewöhnlichkeit, von Angesicht zu Angesicht, ohne irgendeine Maske oder auch nur ein religiöses Makeup. Solches Nacktsein gehört zu dem „vereinten Feld", in dem wir unser Wissen auf andere Weise und aus einer anderen Quelle schöpfen. Der Zugang ist anders: Wir wissen dank des Einsseins und erfassen intuitiv eine Art Ganzheit, eine Wahrheit jenseits der Wörter, jenseits irgendeines Bedürfnisses oder einer Fähigkeit, irgendetwas als richtig oder falsch zu beweisen. Das bezeichne ich als den kontemplativen Standpunkt im Leben. Er ist ganz bestimmt unser solider Punkt, auf den wir uns stellen können.

Mit dem Paradox leben

Als junger Mann hatte ich eine Vorliebe für Ideen und Bücher. Ich entsinne mich noch, wie ich Buchhandlungen betrat und dabei zum Heiligen Geist betete: „Zeig mir bitte das passende Buch, das ich jetzt lesen sollte!“ Wenn ich heute von einem längeren Aufenthalt in der Einsamkeit zurückkomme, habe ich anschließend überhaupt keine Lust, ein Buch zu lesen. Erst nach einigen Wochen oder Monaten vergeht das wieder. Für eine bestimmte Zeit spüre ich, dass es in keinem Buch etwas gibt, das besser und wahrer sein könnte als das, was ich in der Einsamkeit auf seelischer und körperlicher Ebene erfahren habe. Zu erklären, was genau ich da erkannt habe, ist schwierig. Ich weiß nur sicher, dass es ein tiefes „Ja“ zum Leben ist, trotz aller Widersprüche, die im Schweigen sogar noch deutlicher zutage treten. Selbst wenn vieles schrecklich, scheinbar widersprüchlich, ungerecht und unlogisch ist, können trotzdem Traurigkeit und Freude gleichzeitig in uns koexistieren. *Die negative Wertigkeit der Dinge neutralisiert nicht mehr die positive Wertigkeit und die positive stellt nicht die negative infrage.* Diese tiefe Einsicht fühlt sich wie eine neue Art von Wissen, Leben und Sehen an.

Was immer unsere Berufung, unser Hebel, unser „Umsetzsystem“ in der Welt ist – es muss aus diesem grundlegenden *Ja* zum Leben erwachsen. Unser notwendiges *Nein* zur Ungerechtigkeit und zu allen Formen der Nicht-Liebe wird im Schweigen noch klarer und drängender, dann aber hat unser Einsatz die Chance, zum reinen Heilungswirken Gottes zu werden, statt bloß Produkt unseres aufgebrachten Zorns oder selbstbezogener Einstellung zu sein. Bei Menschen, die sich leidenschaftlich für etwas einsetzen, ist der Unterschied deutlich spürbar: Schon viele Einsätze für soziale Gerechtigkeit sind fruchtlos verpufft, wenn die Betreffenden ihre ganze Kraft aus ihrem kleinen und zornigen Selbst bezogen haben. In Richter 7,2-8 wird anschaulich beschrieben, wie Jahwe Gideons zwanghaften *Antrieb* schwächen muss, damit ihn der Wind des Heiligen Geistes sanft *ziehen* und wirksamer werden lassen kann. Das ist ein grundlegender und wichtiger Wandel.

Jede echte Kontemplation oder Meditation überwindet Schritt für Schritt unser autonomes und erfolgssüchtiges Ego. Sie nimmt allmählich die Illusion, dass unser angeknacktes Denken uns aus dieser unerklärlichen Welt herausführen könnte. Kontemplation und Meditation überwinden die ungreifbare Angst angesichts des Geheimnisses des Lebens, das in allem steckt, und vereiteln alle unsere Versuche, uns vor ihm zu drücken. Aus diesem Grund ändern sich durch die Kontemplation immer unsere Verhaltensformen, Zeiteinteilungen und Arbeitsweisen. Ist das nicht der Fall, kann unser Gebet wohl kaum bis in unser Unbewusstes vordringen. Vollzieht sich der Wandel jedoch, dann stellt sich unsere Weltsicht vom Gefühl der Angst vollkommen zu dem der Verbundenheit um, weil wir nicht länger innerhalb unseres zerbrechlichen, verkapselten Selbst leben. Wir bewegen uns weg vom Ego-Bewusstsein hin zum Seelenempfinden, vom Getriebensein zum Gezogensein.

Der Tenor des öffentlichen Diskurses ist oft infantil, vor allem in Amerika, das über so viele Schulen und Universitäten verfügt. Einem Großteil der Menschen ist ein anderes Denken völlig fremd. Sie wissen nichts von der wunderbaren Alternative, dem dritten Weg jenseits von Kampf oder Flucht. Niemand hat ihnen das Evangelium in die Tiefe gehend erschlossen.

Nach Aldous Huxley hat die Kultur der Unterhaltung

zwei Vorbedingungen: Erstens darf der Zuschauer bzw. Zuhörer vor der Sendung keinerlei Erwartungen haben und danach keine irgendwie geartete Klärung empfinden. Jedes Fernsehprogramm muss eine in sich abgeschlossene Einheit sein, für die keinerlei Vorkenntnisse nötig sind. Außerdem darf nicht im Geringsten angedeutet werden, dass man aus der Sendung auch nur irgendetwas lernen könnte. Bei einer Nachrichtensendung errichten wir also binnen weniger Minuten unter Anleitung der Sprecherin ein Vorstellungsgebäude. Zwar können wir zu eigenen Schlüssen gelangen, doch gewöhnlich übernehmen wir das Vorgegebene. Zusätzliche Lektüre, Nachforschungen, Erörterungen und Gebet sind entbehrlich.

Jeder kann heute seinen eigenen Blog oder seine eigene Website ins Internet stellen und von allen möglichen Dingen behaupten, sie seien wahr oder falsch, und muss das nicht im Mindesten begründen oder belegen. Diese Art zu denken ist überaus fragwürdig. Vermutlich halten wir gerade deshalb so entschieden an ihr fest. Sie garantiert den Bestand unserer Klischees oder gibt uns neue Klischees, neue Meinungen und neue Schlussfolgerungen und dadurch legt sich der aufgewirbelte Staub. Staub mögen wir nämlich nicht, alles muss sauber, klar und schlüssig sein.

Zweitens darf den Zuschauern und Zuhörern nichts Kompliziertes zugemutet werden. In Amerika ist Komplexität eine Schnellstraße in Richtung niedriger Einschaltquoten. Wer nicht gleich mitkommt, schaltet sofort auf einen anderen Sender um. Eine Sendung darf also nichts enthalten, was Erinnerungsarbeit, eigenes Nachforschen, konkrete Umsetzung, Durchhaltevermögen oder den Aufwand der Nachprüfung erfordern würde. Stattdessen glauben Menschen unreflektiert der am entschiedensten vorgetragenen These, vertrauen der jüngsten Umfrage und akzeptieren alles, was mit Überzeugung und Autorität vorgebracht wird. Solange Menschen nicht über die Fähigkeit verfügen, all die Bilder und Informationen einzuordnen und zu filtern, bleibt die Kultur auf Gedeih und Verderb den Demagogen und Schlagwortlieferanten ausgeliefert.

Das Lukasevangelium spricht mehrfach von der „Menge", die im Unrecht ist. Anscheinend ist das Massenbewusstsein niemals tief gehend oder zuverlässig. Das Massenbewusstsein kann nicht der Wahrheit entsprechen, denn die menschliche Wahrheit stellt immer ein Zusammentreffen von Gegensätzen dar. *Jedes Leben ohne Konflikte ist zwangsläufig nur ein halbes Leben.* Ein gewisses Maß an Stress ist gut und notwendig und zeigt, dass wir uns im Rahmen des echten Geheimnisses bewegen.

Das Leben erfordert immer die Auseinandersetzung mit den Schattenseiten jeder Wirklichkeit. Ein Mensch, der dazu nicht willens oder fähig ist und sich stattdessen vollkommene Eindeutigkeit und Perfektion wünscht, ist zur Tiefe oder Wahrheit nicht fähig. Wenn alles zu einem sicheren „Zugehörigkeits"-System wird, statt eine verwandelnde Erfahrung zu bleiben, nehmen die Menschen bloß ihren Platz in ihrer kleinen Welt gemeinsamer Überzeugungen ein. Dort eignet sich das brüchige Selbst rasch ein bestimmtes Maß an Identität und Macht an: „Ich will mich zwar nicht selbst loben, aber wir Katholiken als Gruppe haben eine verlässliche Tradition und sind groß und bedeutend." Oder: „Wir sollten die Welt unterdrücken? Amerika war doch immer auf der Seite der Gerechtigkeit und Wahrheit." Wir schlüpfen in unsere kollektiven Identitäten, weil wir keine persönliche Identität gefunden haben und nicht entdecken können, wer wir in Wirklichkeit sind, nämlich, wie Paulus sagt, „mit Christus verborgen in Gott" (Kolosser 3,3). Die meisten Identitäten sind sozial vermittelt. Erst später lernen wir unsere eigene Seele kennen. Erst wenn wir die innere Quelle unserer selbst und den Heiligen Geist entdecken, beginnen wir endlich die zu sein, die wir wirklich sind. Gewöhnlich passiert das nicht vor der zweiten Lebenshälfte –bei vielen sogar überhaupt nie.

Jede Ansicht ist eine Sicht von einem bestimmten Punkt aus. Wenn nun der Punkt, von dem aus wir unser Leben betrachten, nur unser kleines persönliches Selbst ist – bei mir mein amerikanisches, männliches, gebildetes katholisches Selbst –, dann müssen wir diese kleine Identität ausbauen und verteidigen. Wir müssen dafür sorgen, dass unsere Ansicht die beste und immer richtig ist. Ich selbst bin auf diese Aufgabe besonders gründlich vorbereitet worden: Ich bin in Kansas aufgewachsen, genau in der Mitte der guten alten USA, in grandiosen Gewissheiten über alles nur Erdenkliche. Ich lebte nicht bloß im besten Land der Welt, sondern vermutlich auch im besten Staat, nämlich der Heimat von Dorothy, der Heldin des Märchens vom „Zauberer von Oz". Wir waren entweder Methodisten oder Katholiken, gute, aufrechte Bürger, hatten die gleichen Vorurteile und damals war die Kriminalitätsrate niedrig. Ich wusste gar nicht, was Scheidung oder Missbrauch ist. Außerdem war ich nicht nur im besten Land der Welt geboren, sondern ich gehörte auch der „einen, heiligen, katholischen und apostolischen" Kirche an. Wir waren stramme römische Katholiken. Ich kann mich keiner anti-protestantischen Predigt entsinnen. Wir hatten nichts gegen die Protestanten, sie taten uns einfach bloß leid. Wir fanden ihre Kirche hässlich und fragten uns, wie nur irgendein Mensch in eine protestantische Kirche gehen wollte. Die Protestanten hatten doch überhaupt keine Fantasie oder Kreativität. Unnötig zu sagen, dass das nur die halbe Wahrheit war. Die Protestanten vertraten die andere Hälfte.

Offensichtlich haben wir uns gegenseitig beeinflusst. Immer sind *wir* „die eine wahre Kirche". Immer kommen *wir* in den Himmel. Das behaupten die Anhänger der meisten Religionen von sich – ein echter Fall von „Gruppennarzissmus“! Nur eines ist gefährlicher als die individuelle Egozentrik, nämlich die Gruppen-Egozentrik. Wenn eine Gruppe sich gemeinsam auf die gleiche Ansicht einigt und zu totaler Übereinkunft findet, wird diese als die große Wahrheit ausgegeben, die nicht infrage gestellt werden darf. Eine solche Gemeinschaft bietet Halt und Trost, aber sie macht blind. Die fröhliche Palmsonntagsmenge und die wütende Karfreitagsmenge bestehen weithin aus den gleichen Leuten.

Nach diesem heutigen Muster verhielt sich bereits Israel. Das Judentum ist eine archetypische Religion. Das Judentum hat alles absolut richtig und zugleich doch auch absolut falsch gemacht, genau wie der Katholizismus und der Protestantismus. Dieses Muster verfolgen wir solange, bis wir die substanzielle Wirklichkeit erfahren. Die Religion auf ihren Anfangsstufen bereitet den Menschen erst auf die Begegnung mit dem Wirklichen vor. Auf der Anfangsstufe verliebt er sich in Formen. Er entwickelt Klischees und formale Lehren und Dogmen, als seien sie das, was Martin Heidegger „das Ding an sich“ nennt. Auf den Anfangsstufen der Religion kennt der Mensch „das Ding an sich“ noch nicht und deshalb betet er eine Hülle an. Wenn er „das Ding an sich“ noch nicht erfahren hat, in was anderes kann er sich verlieben als in Formalien, Flaggen, Grenzmarkierungen und Loyalitätssymbole? Alle Religionen im Frühstadium sind wie „ein Schilfrohr, das im Wind schwankt“ (Matthäus 11,7), wie Jesus sagen würde. Ihre Anhänger sind keine schlechten Menschen. Sie sind bloß noch nicht in die Hände eines lebendigen und liebenden Gottes gefallen.

Solange uns also unsere Illusionen nicht dank irgendeiner Form des inneren Wegs genommen sind, bleibt unser

Geist immer dualistisch und eliminiert alles Problematische oder Geheimnisvolle. Solange es nicht zu einer inneren Erfahrung kommt (Meditation oder Kontemplation), können wir nur in Begriffen von Gewinnern und Verlierern denken. Ohne solche Vergleiche kann der dualistische Geist überhaupt keine Energie oder Motivation aufbringen. Immer muss er in den Kategorien von „Ich" und „Du", „Wir" und „die da" denken. Von der Richtigkeit dieser Einteilung versuchen wir uns durch Gewinnen zu überzeugen; immer wieder stacheln wir uns dazu an, in allen möglichen selbst geschaffenen Gewinner/Verlierer-Situationen die Oberhand zu erringen.

Aus den vielen spirituellen Kursen, die ich für Männer gebe, weiß ich, dass dieses Denken und Handeln vor allem für Männer gilt. Männer laufen zur Vollform auf, sobald es eine Mannschaft zu schlagen, ein Rennen zu gewinnen oder ein Heer zu besiegen gilt. Wenn man Männern das alles wegnimmt, wird deutlich spürbar, wie ihr Interesse an allem nachlässt. Wenn Männer etwas nicht in die Kategorien Gut und Schlecht einteilen können, verlieren sie ihre Motivation. Die Meditation aber beseitigt genau diese dualistische Art des Denkens. Meditierende Menschen denken viel stärker in den Kategorien von „sowohl – als auch" statt „entweder – oder". Das ermöglicht es Mystikern und Heiligen, zu vergeben, Verletzungen nicht nachzutragen, einfühlsam zu sein und sogar ihre Feinde zu lieben.

Zu solchem Empfinden und Handeln ist ein Mensch mit dualistischer Einstellung nicht fähig. Darum fordern alle großen spirituellen Lehrmeister in der einen oder anderen Form: „Richtet nicht!" Auch Jesus stellt diese Forderung verschiedentlich auf (zum Beispiel Matthäus 7,1). Der richtende Geist *ist* der dualistische Geist. Er vergleicht ständig, ist immer in der Konkurrenzhaltung. Männer neigen stärker zum Konkurrenzdenken, Frauen stärker zum

Vergleichen; in beiden Fällen handelt es sich um das gleiche Ego-Spiel. Leider rechtfertigen Vergleiche und Konkurrenzdenken immer sehr schnell Verurteilungen und sogar die Kreuzigung des anderen. Der dualistische Geist funktioniert, indem ständig die eine Seite hochgepriesen und die andere niedergemacht wird.

Intellekt und Urteilen sind auf bestimmten Ebenen notwendig. Ich habe allerdings lange gebraucht, um dahinterzukommen, dass mein Bedürfnis, zu urteilen, in Wirklichkeit gar nicht dem Wunsch nach Wahrheit entsprang, wie ich mir selbst eingeredet hatte. Hinter meinem Bedürfnis, zu urteilen, stand vielmehr der Wunsch, alles in den Griff zu bekommen, alle Informationen zu beherrschen, recht zu haben, über sichere Erklärungen zu verfügen, die Hackordnung zu kennen, zu wissen, wer oben ist und wer unten, wer Recht hat und wer falsch liegt, wer überlegen ist und wer unterlegen. Das alles wird uns in der Meditation genommen und aus diesem Grund werden sich viele nie auf den inneren Weg begeben. Wer möchte schon, dass ihm seine Macht genommen wird? Uns überlegen und sicher zu fühlen schenkt uns etlichen Trost. Der vorübergehende Trost, dass wir richtig liegen, nimmt uns unsere Angst.

Das oberste Bedürfnis des Egos besteht darin, alles im Griff zu haben. Übrigens hat Paulus mit seinem Begriff *Fleisch* das Gleiche wie das *Ego* meint. Der Begriff *Fleisch* hat jedoch eine sehr unglückliche Geschichte, da man weithin davon ausging, Paulus beziehe sich auf den Körper.

Das Ego definiert sich durch Negation und Widerspruch: „Das bin ich nicht. Ich bin nicht wie sie. Ich bin kein Sünder. Ich bin kein Kommunist. Ich bin kein Häretiker." Wenn wir unserem wahren Selbst oder dem, was wir *sind,* noch nicht begegnet sind, begnügen wir uns mit dem, was wir *nicht* sind. Was wir nicht sind, verlangt uns nicht mehr ab, als jemand anderen klein zu machen, denn wir unterstellen, dass das *uns* höher hebt! In der Tat funktioniert diese Strategie und deshalb halten Menschen daran fest, vermutlich so lange, bis sie einen festen Punkt zum Hinstehen finden, einen kontemplativen Standpunkt. Solange wir nicht das völlig sichere wahre Selbst finden, wird das falsche Selbst immer das Bedürfnis haben, zu gewinnen, Recht zu behalten und, falls möglich, den anderen zu besiegen.

Das Ego definiert sich, indem es sich zusammenzieht, sich festzurrt, *Nein* sagt und/oder *gegen* etwas ist; die Seele dagegen definiert sich, indem sie sich ausweitet und umfasst – nicht indem sie *Nein* sagt, sondern indem sie ein mutiges, riskantes *Ja* wagt. „Ja, ich bin wie alle anderen, bin zum gleichen Guten und gleichen Schlechten fähig. Die andern sind alle meine Brüder und Schwestern. Meine Seele weiß, dass wir unter unseren Kleidern alle gleich nackt sind." Wenn wir zulassen, dass das Gesicht des anderen, die Meinung des anderen, die Weltsicht des anderen unsere Schranken durchbricht und wir unsere Grenzen aufheben, dann haben wir immer ein Stück weit Angst, genau wie in den ersten Augenblicken der Intimität. Wir werden verletzlich.

„Das Tor, das zum Leben führt, ist eng und der Weg dahin ist schmal und nur wenige finden ihn" (Matthäus 7,14). In diesem Satz spricht Jesus zunächst einmal vom Leben in dieser Welt. Auf der unbewussten Ebene wissen wir, dass *echte Intimität irgendetwas in uns verändert.* Sich zu ändern aber hasst das Ego mehr als alles andere. Deshalb ist Meditation ein Wagnis. Wenn wir sie konsequent üben, verändert sie allmählich unsere Weltsicht, unsere Prioritäten und unsere Vorlieben. Das führt in eine neue Welt, doch die meisten sind in der alten Welt in Deckung gegangen. Es ist ein Wunder, dass überhaupt jemand weiterhin diesen gefährlichen Weg des Gebets beschreitet, der im Übrigen Schritt für Schritt ein Hineingehen sowohl in die Intimität mit Gott als auch in die Intimität mit der eigenen Seele ist.

Hat erst einmal eine radikale „Rechtfertigung" stattgefunden (diesen Begriff verwendet Paulus für dieses Phänomen der Verwandlung), eine radikale Legitimation des Selbst in Gott, dann werden wir in dieser Welt in einem gewissen Sinn ganz und heilig gemacht. Kein Wunder, dass diese Verwandlung „Erlösung" genannt wird. Dann verlieren die blinden Teile unserer selbst, die unbedeutenderen Loyalitäten, mehr und mehr an Gewicht. Die Meditation gründet uns in einer bereits vorhandenen Ganzheit, die wir „Christusbewusstsein" nennen (zum Beispiel in 1. Korinther 2,16), sodass wir uns nicht zu sehr oder zu lange mit den bloßen Teilen und Parteilichkeiten identifizieren, die nutzlose Aufspaltungen in unserer Welt und uns selbst bewirken.

Wenn sich jemand 40 Jahre lang mit den Teilen identifiziert hat, mit dem Schattenselbst, dem Siegerselbst oder irgendeinem vergänglichen Loyalitätssystem, trifft es ihn tief, wenn ihm all das genommen wird. Wenn seine Identität zur Gänze in einer bestimmten Einstellung besteht, sollte er lieber nicht intensiv beten, denn sonst könnte ihm seine Identität nicht mehr viel bedeuten. Wer durch die Meditation verwandelt wird, wird sich nicht länger unter das Banner der Identität von schwarz oder weiß, hetero- oder homosexuell, reich oder arm, Amerikaner, Afrikaner, Europäer oder Asiat und nicht einmal Christ oder Nichtchrist versammeln lassen. Er ist dann ein vollständig neues Geschöpf und am Ende ist „Christus alles und in allen" (Kolosser 3,11; vgl. 2. Korinther 5,17; Galater 3,28).

Weniger Loyalitäten, weniger Sehnsucht nach Vaterfiguren

Jesus hat niemals die amerikanische Flagge gesehen und er hätte wohl nie vor ihr salutiert, ebenso wenig vor irgendeiner anderen Flagge eines Teils von Gottes einer großen Liegenschaft, die er das „Himmelreich“ oder „Reich Gottes“ genannt hat. In „anständiger religiöser Gesellschaft“ ist diese Behauptung allerdings riskant, denn sie widerspricht den üblichen Kategorien, den üblichen Loyalitätssystemen und Gruppen, wo das Ego sein möchte, um sich eine Grundlage und Sicherheit zu verschaffen, die es in Wirklichkeit gar nicht hat.

Wenn wir unsere Grundlage und Sicherheit in den gängigen Loyalitätssystemen nicht finden können, müssen wir sie anderswo suchen. Als logische Konsequenz müssen wir bekennen, dass Jesus der Herr ist und dass kein anderer unser Herr sein kann. Dennoch ist die Geschichte geprägt von „christlichen“ Loyalitäten gegenüber den Herren dieser Erde, wer immer sie in ihrer sechsjährigen Amtszeit, zehnjährigen Herrschaft oder fünfzigjährigen Tyrannei gewesen sein mögen. Solche Herrschaften werden oft de facto unsere Vaterfiguren und es dauert nicht lange, bis wir keine Augen mehr für den wahren Vater und kein Bedürfnis mehr nach ihm haben.

Im Jahr 2006 hielt ich in Deutschland an einer lutherischen Universität Vorlesungen. Es war kurz nach dem Tod von Papst Johannes Paul II. Die deutschen Lutheraner verfolgten im Fernsehen die Beisetzung Johannes Pauls II. und die Wahl von Benedikt XVI., ich selbst sah mir nicht viel davon an, aber die Lutheraner waren davon fasziniert. Vermutlich hätte sich Luther im Grab umgedreht und ich fragte mich: Warum interessieren sich Menschen so sehr für einen irdischen Vater?

Seit vielen Jahren bin ich mit dem Thema Männerspiritualität und Themen wie „Vom Vater geschlagene Wunden“ und „Sehnsucht nach dem Vater“ beschäftigt. Das erste Mal sprach ich in den 1970er Jahren in Deutschland über dieses Thema. In einer großen Kirche in Nürnberg hielt ich über mein kurz zuvor erschienenes Buch *Der wilde Mann* einen Vortrag. Die Kirche war brechend voll: Die Menschen saßen in den Seitenflügeln und auf dem Boden des Altarraums. Ich sprach fast eine Stunde lang über das Vaterproblem. Am Ende stand ein junger Mann auf und sagte: „Pater Richard, wir möchten uns bei Ihnen bedanken, dass Sie hierher gekommen sind. Ich möchte Ihnen zudem ein bisschen etwas über uns Deutsche sagen. Wir haben im Ersten Weltkrieg alle unsere Großväter in den Tod geschickt. Da brauchten wir notwendig eine Vaterfigur, denn ohne Vater waren wir so orientierungslos, dass wir uns an einen schlechten Vater hängten. Der Rest der Welt weiß, was uns und euch deswegen passiert ist. Jetzt schämen wir Deutsche uns deswegen. Wir haben nicht bloß im Ersten Weltkrieg unsere Großväter in den Tod geschickt, sondern im Zweiten Weltkrieg auch unsere Väter.“ Er schluckte und sagte abschließend: „Diese Kirche ist voller junger Männer, voller Söhne ohne Väter und ohne Großväter.“ Ich und die Menge waren sprachlos, niemand war anderer Meinung oder wandte etwas gegen seine Worte ein. Manchen kamen die Tränen.

Die Faszination an dem Papstbegräbnis hat nichts Logisches. Sie erfasste selbst Katholiken, die mit den meisten Äußerungen Johannes Pauls II. nicht einverstanden waren. Dem liegt ein „archetypisches“ Bedürfnis zugrunde. In unserer verworrenen Welt, in der alles derart im Fluss ist – es also keine substanzielle Erfahrung dessen gibt, wer man selbst ist –, wird das Bedürfnis, sich an prominente Gestalten, an starke Figuren – sehr oft Vaterfiguren – zu hängen, wenn nicht bewusst, so doch unbewusst zwanghaft. Ist eine solche Vaterfigur auch noch in den Mantel der Heiligkeit gehüllt, ist ihre Anziehungskraft noch größer. Auf die der Heilung bedürftige Seele wirkt sie wie ein Magnet. Doch solange diese Heilung nicht stattfindet, werden wir die Welt weiterhin mit ständigen Kriegen, Umweltschädigungen und auf allen Ebenen gescheiterten Beziehungen zerstören.

In manchen Kreisen sind sogar Kontemplation und Meditation zu Mitteln geworden, sich eine wichtige Identität zu verschaffen, beispielsweise bei den Charismatikern in den 1970er Jahren. Bei den großen Bewegungen „Contemplative Outreach" oder der „World Community for Christian Meditation" habe ich diese Erfahrung selten gemacht, doch die Verkleidungen des Egos sind unendlich vielfältig. Wenn wir uns auf eine regelmäßige spirituelle Praxis einlassen, müssen wir deshalb sorgfältig darauf achten, dass es uns nicht darum geht, uns selbst in unseren eigenen oder in den Augen anderer moralisch höher stellen zu wollen. Führt uns die Meditation zu einer neuen Verletzlichkeit und Intimität oder ins Gegenteil? Führt uns die Kontemplation wirklich zu dem, was John Main *dispossession,* „Enteignung", genannt hat, also zum Loslassen von allem, was uns Status verschafft, oder suchen wir damit womöglich einen neuen Status? Wir müssen sorgfältig alles Reden in Form von „Ich habe" oder „Ich bin" vermeiden. Es gilt nur das große „Ich bin", das wir in Gott sind. Vielleicht ist das eine zutreffende Auslegung der Anweisung Jesu, dass wir im Verborgenen beten sollen (vgl. Matthäus 6,5).

Das Gebet „Jahwe"

In Santa Fe findet jährlich eine Konferenz über Naturwissenschaft, Bewusstsein und Religion statt. Lange haben wir die Naturwissenschaftler, die dort sprechen, für Feinde der Religion gehalten. Zunehmend werden sie aber unsere Freunde; viele sprechen über das Geheimnis weit besser und redlicher als manche Theologen. Viele von ihnen verfügen über eine wunderbare Fähigkeit aufzuzeigen, dass es nur eine Welt und eine Wahrheit mit riesigen allumfassenden Mustern gibt, die im gesamten Universum wirken. Diese Erkenntnis ergibt sich aus den Naturwissenschaften selbst. Das zeigt den Wert des dualistischen Denkens und seiner Ergebnisse – und die Möglichkeit, darüber hinaus zu gelangen! Als Meditierende können wir mittels unseres eigenen Wesens zu diesem gleichen Gespür für das Geheimnis kommen; das bringt das Spielfeld des Menschen ins Lot. Wir brauchen nicht schlau zu sein, sondern einfach nur präsent.

Bei der letzten Konferenz lernte ich von einem Vortragenden, einem jüdischen Naturwissenschaftler, der zugleich Rabbi ist, etwas, das mir während meines ganzen Studiums der hebräischen Heiligen Schrift entgangen war. Das Wort *Jahwe*, der heilige jüdische Namen für Gott, bedeutet „Ich bin". Im jüdischen Volk durfte er nicht ausgesprochen werden, er war buchstäblich unaussprechlich. Deshalb wurde er durch „Adonai" oder „Elohim" ersetzt. Im Hebräischen werden keine Vokale geschrieben, sondern nur die Konsonanten. Der jüdische Naturwissenschaftler wies in seinem Vortrag darauf hin, dass die für das Wort *Jahwe* verwendeten Konsonanten es nicht gestatten, beim Sprechen die Lippen zu schließen oder die Zunge zu benutzen. Der heilige Name *Jahwe* ist also ein Versuch, das Geräusch des Ein- und Ausatmens nachzuahmen und wiederzugeben! Vielen Zuhörern kamen die Tränen, als er fortfuhr und ihnen die Augen dafür öffnete, was die großen Meditationslehrer schon immer betonen: Gott kann in keinerlei Form von Wörtern gefasst werden, die wir im Griff hätten, oder mit Vorstellungen, die wir formulieren könnten. Gott ist vielmehr wie die Luft, der Atem, der Geist vor unserem Mund.

Das Wort, das die archetypische Religion für Gott, den großen „Ich bin", eingeführt hat, ist ein Wort, das den Atem selbst nachahmt, unaussprechbar, weil nur atembar! Atmen ist genau das, was wir schon immer getan haben, seit wir aus dem Körper unserer Mutter gekommen sind, und genau das, womit wir aufhören, wenn wir sterben und in das ewige „Ich bin" hinübergehen. Luft, Atem, Wind und Geist sind immer über uns hinaus und dennoch völlig um uns, in uns und jenseits von uns. Wir haben alle gleichermaßen daran Anteil. Wir alle atmen die gleiche Luft und dennoch empfängt sie jede und jeder von uns ganz persönlich. Niemand hat sie unter Kontrolle! Das ist die äußerste Demokratisierung der Religion und dadurch wird unterschiedslos allen der Zugang zum Göttlichen eröffnet. Es gibt keine speziell afrikanische oder amerikanische Art zu atmen. Hindus und Christen atmen die gleiche Luft. Diese Erkenntnis verändert das gesamte Gebetsleben und die Fähigkeit, für Gott präsent zu sein. Wir beten aus bewusster liebevoller Entscheidung – sogar im Schlaf.

Manche Menschen haben sich, wie John Main formuliert, „der Armut eines einzigen Worts" verschrieben, eines Worts, das fast überhaupt kein Wort ist. In diesem Fall ist das unser Atem selbst. Man kann ihn nicht sprechen, sondern nur atmen. Allerdings, das zeigt die Betrachtung des autonomen Nervensystems, *wird unser Atem uns angetan.* Wir sind lediglich die Schilfrohre, die Instrumente, die Flöten Gottes, die es zulassen, dass wir gespielt werden.

Die schweigende Meditation ist die grundlegendste Benennung unseres Gedankenproblems. Sie bietet uns eine Antwort und benennt das in uns steckende Geheimnis. In der Meditation gibt es nichts zu besitzen oder zu beanspruchen, sondern gewöhnlich erfahren wir nur unsere Unfähigkeit, überhaupt beten zu können. *Wir werden* durch*betet* und können dazu nur beitragen, indem wir es zulassen, genau wie auch den Atem selbst. „Betet ohne Unterlass" (1. Thessalonicher 5,17) und „Betet jederzeit im Geist" (Epheser 6,18) – diese beiden Aufforderungen sind die beste derzeitige Kirchenreform, die ich mir vorstellen kann, denn sie kommt ganz von unten her und ganz von innen heraus. Jesus lehrt das „Gebet jenseits von Worten". Er weist die Apostel an, sich allein in ihrer Kammer einzuschließen und zum Vater zu beten, „der im Verborgenen ist" (Matthäus 6,1-6). Bei dieser Art des Betens bewegen wir uns über jede Anhänglichkeit an eine bestimmte Form und jede Verteidigung einer festen Form hinaus. Wir können zur Armut eines einzigen Worts und zur Einfachheit jedes unserer Atemzüge zurückkehren.

Religion: ein verwandelndes System?

Wenn ein Mensch den Standpunkt der Massenkultur oder des Kulturchristentums einnimmt, hat er fast keine Hebelkraft mehr, um die Welt zu ändern. Alternative spirituelle Sichtweisen sind rar, das gilt auch vielfach für die abendländische Religion. Die „Zivilreligion" überwiegt den durch Christus „erneuerten Geist und Sinn" (vgl. Epheser 4,23-24). Es ist wichtig zu erkennen, warum die Religion zu einem Zugehörigkeitssystem bzw. zu einem bloßen Glaubenssystem geworden ist und nicht zu einem radikalen Verwandlungssystem, das Jesus sich allem Anschein nach gewünscht hat.

Neil Postman zufolge scheuen wir das Verwirrende und zu Komplizierte. Ernst Friedrich Schumacher, der Verfasser von *Small is Beautiful* (deutsch: *Die Rückkehr zum menschlichen Maß*, 1973), führt in seinem Buch *Guide for the Perplexed* (deutsch: *Rat für die Ratlosen*, 1979) direkt in das Verwirrende hinein, allerdings auf der anderen Seite auch wieder heraus. Nach seiner Überzeugung stehen die drei Teile der hebräischen Heiligen Schrift – Gesetz, Propheten und Weisheitsbücher – für die drei Stufen des sich entwickelnden Bewusstseins. Wir müssen, so schreibt er, unseren spirituellen Weg genau da beginnen, wo die jüdische Offenbarung beginnt, das heißt mit der Thora: mit Gesetz, Struktur, Identität, Grenzen, Gewissheit, Ordnung, Autorität und Klarheit. Auf diese Weise können wir uns am besten eine gesunde, glückliche und sichere Ich-Struktur schaffen.

Die Alternative dazu ist jenes katastrophal offene Feld unserer postmodernen Welt, auf dem das unreife Ego von keiner Tradition vorbereitet und ohne jede Grundlage völlig frei ist, aufzusammeln und auszuwählen, was ihm passt. Der Mensch sieht sich gezwungen, der Mittelpunkt der Welt zu sein, weil es keinen anderen Mittelpunkt gibt außer seiner Freiheit, auszuwählen, zu bevorzugen und zu entscheiden – und das in jedem Augenblick. Das trägt nicht zur Reifung bei und viele nur an Jahren erwachsene Menschen neigen dazu, sich zwar zu allem ermächtigt zu fühlen, sind jedoch armselig vorbereitet auf Gemeinschaft, Freundschaft, Ehe, das Verhalten am Arbeitsplatz, auf Geduld und jegliche Art von Einssein. Vor allem sind sie nicht vorbereitet auf das große Einssein mit Gott. Vor Aufgaben gestellt zu sein, auf die man nicht vorbereitet ist, bläht das Ego weit über das hinaus auf, was es verdient. Kein Mensch ist das Zentrum von irgendetwas; allenfalls steht er im Mittelpunkt der mütterlichen Sorge. Das Aufblähen des Egos führt zu einer tödlichen Kombination von Ignoranz und Arroganz zugleich. Dieses Zusammenspiel wird häufig als Merkmal des modernen und postmodernen Selbst angesehen.

Wenn ein Mensch in seiner ersten Lebensaufgabe zu lange stecken bleibt, immer nur seine eigene Ich-Struktur aufbaut und erhält, neigt er zwar dazu, ein guter „Behälter" zu werden, gelangt jedoch nicht über das Behälter-Sein hinaus zum „Inhalt" des Lebens selbst. *Er hat gelernt, sich fast ausschließlich auf äußere Autoritäten zu verlassen, und das ist ihm zur inneren Konditionierung geworden.* Es muss aber mehr geben als das „Gesetz", denn sonst empfänden wir nicht das Bedürfnis, uns auf einen Weg zu begeben, geschweige denn auf einen Glaubensweg. Die äußere Autorität sagt uns, was die Wahrheit ist, was wir tun sollen und was richtig und falsch ist. Dieser Ausgangspunkt ist in vielerlei Hinsicht notwendig. Er beginnt mit der Eltern-Kind-Beziehung, die später die Form der Meister-Schüler-Beziehung annimmt und, wenn wir Glück haben, der Lehrer-Jünger-Beziehung. Wir brauchen andere Menschen, die uns den Wert dieser Beziehungen vermitteln, denn sonst müsste jeder Mensch immer wieder ganz bei null anfangen.

Gesunde Kulturen haben immer Ältere und Traditionen, sodass wir nicht aus uns selbst heraus auf alles kommen müssen, als ob das überhaupt möglich wäre. Das frühe Bedürfnis nach Autorität spiegelt sich in einigen Teilen des 2. Buchs Mose und sehr deutlich im 3. und 4. Buch Mose, und zwar in Form von Gesetzen, strengen Grenzziehungen, starker Impulskontrolle, klaren Gruppensymbolen und in der Notwendigkeit strikter Konformität. So sieht der Beginn fast jeder Religion aus. Sie hält uns außerhalb des eigentlichen Boxrings, bis wir wissen, worum es überhaupt genau geht und um was es sich zu kämpfen lohnt.

Die meisten Religionen bleiben auf dieser Stufe einer Autoritätsreligion stehen. Sie sind weithin patriarchalisch und autoritativ, die Hierarchie verläuft von oben nach unten. Sie bieten ein gutes Zugehörigkeitssystem mit klaren Grenzen und eindeutiger Identität. Diese Struktur behebt weithin die Selbstzweifel. Deshalb sind die Menschen auf dieser Stufe meist glücklich, wenn sie mit Autorität gut zurechtkommen. Nach einiger Zeit sind sie so sehr damit beschäftigt, alle vom Gesetz vorgegebenen Aufgaben zu erfüllen und die soziale und persönliche Ordnung aufrechtzuerhalten, dass sie geradezu meinen, *genau darum* gehe es bei der Religion. Paulus widmet den Römer- und den Galaterbrief fast gänzlich diesem Problem, unsere Einsicht bleibt jedoch rudimentär, und zwar weniger aus bösem Willen, sondern vielmehr weil uns die kontemplative Sichtweise abgeht. Solange Menschen nicht tiefer in das Geheimnis der Dinge eindringen, genügt den meisten die Religion als Behälter. In dieser Ausprägung nimmt die

Religion die Angst, sie hält zusammen und liefert ein gewisses Maß an Glück. Folglich muss sie gottgefällig sein. Einer Gruppe anzugehören, sich angesichts von Loyalitätssymbolen emotional angerührt zu fühlen und den Glauben an dieses und jenes zu bekennen wurde von der älteren katholischen Tradition früher als das erste Drittel des spirituellen Wegs bezeichnet, als der „Weg der Reinigung". Der Mensch wird von seinem grundlegenden Narzissmus gereinigt und das ermöglicht es ihm, ein Stückchen von sich selbst zu opfern und herzugeben. Der „Weg der Reinigung" reicht jedoch nirgendwo eng an die zweite und dritte Etappe heran, nämlich den „Weg der Erleuchtung" und den „Weg der Vereinigung".

Die christlichen Kirchen Amerikas seit dem 11. September 2001 kommen mir vor wie Plätze, an denen sich verängstigte Menschen verstecken. Die Kirche wurde weithin zur Möglichkeit, uns einander zu versichern: „Gott ist auf unserer Seite." Folglich mussten wir uns den Ereignissen vom 11. September nicht mit größerer Gründlichkeit oder Bußfertigkeit stellen. Was wäre gewesen, wenn der amerikanische Präsident weltweit Muslime zusammengerufen und sie gefragt hätte: „Warum hasst ihr uns derart? Was machen wir falsch? Was könnten wir besser machen, um euch zeigen zu können, dass wir eure Freunde sind?" Diese Vision ist unvorstellbar, sogar für Menschen, die jeden Sonntag zur Kirche gehen, und zwar weil der Großteil der organisierten Religion noch immer eine „Religion der ersten Lebenshälfte" ist. Gewöhnlich verstärken wir nur immer mehr den Behälter und kommen nur ganz selten an den Inhalt heran, der uns erleuchten oder eins werden lassen könnte.

Der zweite Teil der hebräischen Heiligen Schrift umfasst „die Propheten". Dieser Teil ist zweifellos der am meisten vernachlässigte und am wenigsten zitierte; er hat die Christen am wenigsten beeinflusst. Der Grund dafür liegt in der Tatsache, dass Propheten immer eine alternative Sichtweise bieten, sie sind loyale Kritiker. Diese Position erfordert eine starke Verteidigung und ist nur mühsam aufrechtzuerhalten. Der Prophet oder die Prophetin ist Insider, jedoch *ganz am Rand der Innenseite.* Diese Position kann man nicht nur selten lange halten, sondern auch nur selten weitergeben und legitimieren. Aber immerhin zählt Paulus sie als die zweitwichtigste Rolle beim Aufbau der Kirche auf (1. Korinther 12,28).

Keine Gruppe mag Kritiker in den eigenen Reihen: Sie wirken illoyal und gefährlich. Kein Wunder also, dass laut Jesus alle Propheten getötet wurden (Matthäus 23,29-36). Nicht irgendeine amtliche Weihe oder offizielle Bevollmächtigung verleiht ihnen ihre Autorität, sondern gerade ihre mystische Erfahrung. Angesichts ihrer tief greifenden Kritik am säkularen und religiösen Establishment ist es höchst erstaunlich, dass ihre Bücher überhaupt in den kanonischen Text aufgenommen wurden. Dem jüdischen Volk ist es für immer hoch anzurechnen, dass es diese Gattung der Selbstkritik in der Heiligen Schrift institutionalisiert hat. Selbstkritik ist höchst selten und wird im Christentum kaum gepflegt. Es hat vielmehr die meisten seiner internen Kritiker als Häretiker, Rebellen oder Ungläubige ausgeschlossen.

Sobald wir uns auf die Stufe des Prophetischen begeben, nimmt unsere innere Autorität zu. Auf der ersten Stufe haben wir uns fast ausschließlich auf die äußere Autorität verlassen. Wenn wir jedoch beginnen, ein selbständiges Wissen zu entwickeln, tiefer gehen und auf irgendeine Weise persönlich dem Heiligen begegnen, merken wir, dass wir uns nach und nach weniger auf die äußere Autorität verlassen. Diese Stufe ist gefahrvoll, denn die meisten Menschen schalten auf dualistische Weise von ihrem Anhängen an äußere Autorität völlig auf ihre innere Autorität um. Für Teenager ist dieses Verhalten typisch und vermutlich liegt es auch der Rebellion der 1960er Jahre und dem seit damals anhaltenden Chaos zugrunde. Viele Menschen sind so enttäuscht und wütend darauf, wohin die äußere Autorität die Geschichte und die Regierungen und die Kirchen geführt hat, dass sie sämtliche Autorität auf sich selbst zurückziehen. Sie scheinen zu sagen: „Ich traue keiner Tradition und keiner großartigen Erklärung mehr, sondern nur noch meiner eigenen Erfahrung. Ich werde mir jeden Sinn, den ich brauche, persönlich schaffen."

Ernst Friedrich Schumacher zeigt, dass zunehmendes Reifwerden und die hebräische Heilige Schrift auf einen anderen Weg führen, nämlich zur dritten Stufe. Für diese dritte Stufe steht symbolisch die biblische Weisheitsliteratur, die mit dem Paradox und dem Geheimnis ringt – und uns darin lässt –, zugleich aber auch eine neue und tiefere Synthese schafft. Das trifft ganz besonders auf das Buch Hiob zu, auf viele der Psalmen, auf das Predigerbuch, einen Teil der Sprichwörter und teilweise auf das Buch Jesus Sirach. Diese Bücher liefern keine konventionelle Weisheit, sondern eine alternative oder, wie wir heute sagen könnten, eine kontemplative und nichtdualistische Weisheit. Diese Weisheit erreicht ihren Gipfelpunkt und zugleich eine Art von Sackgasse im Buch Hiob. Hiob zeigt eine Psyche, die schließlich reif genug ist, um den Glauben in Form der Dunkelheit statt des Lichts auszuhalten. Auf der ersten Stufe besteht der Mensch dagegen noch auf Licht und Erklärungen, wie sich das im Fundamentalismus zeigt.

Jesus verkörpert die reife religiöse Einstellung, bei der einem Menschen sozusagen der vom Glauben erfüllte Tanz zwischen innerer und äußerer Autorität gelingt und der *ein neues vereintes Feld gewinnt, das sowohl Licht als auch Finsternis umfassen kann.* Nach Ernst Friedrich Schumachers Überzeugung lässt sich die dritte Aufgabe, nämlich mit dem Paradox zu leben, erst anpacken, wenn man die ersten zwei Stufen bewältigt hat. Es handelt sich um einen Stufenweg. Wer bei der Konformität von Stufe eins oder der Kritik von Stufe zwei stehen bleibt, ist auf keine Weise bereit für das Geheimnis, das Paradox, den Zusammenprall der Gegensätze, den das Kreuz darstellt und den der Erwachsenenglaube ausmacht. Die Schwierigkeit, über die ersten beiden Stufen hinauszugehen, ist wohl der Grund, warum die Religion bei den meisten Menschen so unreif bleibt.

Schumacher schreibt weiter, dass man die Fortbewegung von Stufe eins auf Stufe zwei als Sterben erlebt. Wer im Sterben ungeübt ist, wird diesen Schritt nicht gehen! Die meisten Menschen sind ungeübt im Sterben, in der *dispossession,* der „Enteignung", von der John Main spricht. Wenn man in die Quelle zurückfällt, fühlt sich das zunächst eher wie ein Verlieren und weniger wie ein Reiferwerden, eher wie ein Sterben und weniger wie ein Gewinnen an, zumal wenn wir unseren persönlichen Behälter 40 Jahre lang gepflegt haben. Beim Schreiben meines Buchs *Endlich Mann werden* (Claudius Verlag, München 2005) über männliche Initiationsriten ging mir auf, dass im Kern jeder reifen Religion die gleiche Botschaft steckt: „Du musst sterben, bevor du stirbst." Keine Weltreligion kennt eine Ausnahme davon, aber trotzdem sprechen wir lieber vom Neugeborenwerden und vergessen dabei, dass etwas Neues erst geboren werden kann, wenn zunächst etwas stirbt. Diese unredliche Denkungsart kann spirituell nicht funktionieren.

Jede Religion, die etwas anderes sagt – also, dass alles eine einzige Lernkurve in Richtung aufwärts und Erfolg sei –, lügt etwas vor. So verläuft Verwandlung nun einmal nicht. Weil echte Verwandlung aber so schwer ist, bleibt unsere Religion weithin ein bloßes Zugehörigkeitssystem, statt verwandelnd zu wirken; bleibt ein Glaubenssystem, das den Menschen fast nichts abverlangt, oder ein System von Belohnung und Strafe, das natürlich nicht gerade einlädt, sich in Gott zu verlieben, sondern auf eine mit Drohung, Sich-Schämen und Angst einhergehende Konformität angelegt ist.

Der ehemalige Dominikaner Francis McNutt hat in den 1970er Jahren den Heilungsdienst populär gemacht. Während seines Jahrzehnte langen Studiums des Heilungsdienstes in der Kirche stellte er unter anderem fest, dass in den großen christlichen Kirchen sogar schon das Wort *Heilen* weithin verloren gegangen ist. Es gehörte bereits nicht mehr zu unserem Vokabular, bis McNutt in den 1970er Jahren das Buch *Healing* schrieb. Das Sakrament der Heilung wurde damals „Letzte Ölung" genannt und es wurde, wie schon sein Name sagt, bis in die letzten Lebensstunden hinausgeschoben. Warum auch nicht, wenn das einzig wirkliche Ziel die Welt nach dem Tod ist? Die Begriffe des Heilungsgebets und Heilungsgottesdienstes weckten große Vorbehalte und viele Katholiken distanzierten sich davon. In der Tat erwarten die meisten Katholiken nicht, Menschen wirklich heilen zu können. Wir als Priester waren der Auffassung, unsere Aufgabe sei es, die Menschen von Sünden loszusprechen, und nicht, sie wirklich zu verwandeln. Wir vermittelten sozusagen: „Werde die Befleckung los", statt: „Lerne angesichts dieses Konflikts möglichst viel über dich und Gott." Das sind zwei völlig verschiedene Ansätze. Angesichts der Tatsache, dass Jesus den vier Evangelien zufolge unablässig zwei Dinge getan hat, nämlich predigen *und* heilen, ist es vielleicht ein nahezu perfektes Verbrechen, dass wir dem nicht gefolgt sind. Wir predigen ungeheuer viel, heilen aber kaum. „Das nahezu perfekte Verbrechen" (*The Nearly Perfect Crime*) ist übrigens der Titel eines Buchs von Francis McNutt, in dem er auf diesen Zusammenhang eingeht.

Wenn unser Predigen in den Zuhörern nicht irgendeine Art von Heilung auslöst, hat es mit dem Evangelium überhaupt nichts zu tun. Heilen ist das einfachste Kriterium, an dem sich ablesen lässt, ob jemand das Wort Gottes predigt. Die Wahrheit heilt und weitet schon einfach dadurch, dass man sie hört, denn „die Wahrheit wird euch befreien" (Johannes 8,32). Sie befähigt, ja drängt uns, unsere Welt neu zu ordnen und darin großen Raum für Güte und Frieden für uns selbst und die Menschen um uns vorzusehen. *Das gelebte Evangelium bewegt durch seine ihm innewohnende Anziehungskraft mehr als durch seine direkte Verbreitung.* Als nunmehr 40 Jahre lang tätiger Prediger weiß ich, dass es bei allem, was wir tun, darum geht, den Ball ins Rollen zu bringen. Aber die Predigt ist nicht schon der Ball.

Wenn zwischen unserer Religion und unserem Gesamtverhalten nur ein lockerer Zusammenhang besteht, dann vermutlich deshalb, weil wir selbst nicht im Heilungsprozess begriffen sind. Wie aber können wir zum Heilen der Welt Zugang gewinnen? Nur ganz gewordene Menschen können sich eine in höherem Maß ganz gewordene Welt vorstellen und zu ihrem Zustandekommen beitragen. Heilen kann nur jemand, dessen eigene Beziehung zu anderen Menschen von Liebe und Mitgefühl getragen ist. In der offiziellen Religion geht es gewöhnlich um die Zuweisung und anschließend um die Vergebung von Schuld, also eher um ein Sündenmanagement als um die Verkündigung einer Vision, die der Menschheit einen weiteren Horizont als dieses beschränkte Leben aufreißt. Wie bereits früher gesagt: *Das Ego zieht sich um Probleme zusammen. Die Seele sammelt sich und lässt sich von Sinn anziehen.* Würde ein Priester Menschen mit irgendeiner Form der Kontemplation oder Meditation bekannt machen, bei der ihnen die

Barmherzigkeit Gottes aufginge, dann wären sie weniger stark coabhängig von diesem Geistlichen. Uns allen fällt es schwer, uns für etwas einzusetzen, das seinem Wesen nach außerhalb irgendeiner festen Arbeit funktioniert oder durch das wir uns überflüssig machen. Mit dem Sündenmanagement hält man die Herde zusammen, allerdings merkt man rasch, dass es in einer auf diese Weise zusammengehaltenen Herde wenig Reife oder gar Liebe gibt. Es ist nur allzu offensichtlich, wie erstaunlich passiv, passivabhängig und passiv-aggressiv vieles in der Kirche ist. Diese Situation ist entstanden, weil wir es versäumt haben, die Menschen richtig zum Gebet anzuleiten, sodass sie ganz natürlich vom Gesetz zu den Propheten und dann zur Weisheit fortschreiten, und zwar nach einem ganz eigenen Lernprogramm: von der äußeren Autorität zur inneren Autorität und dann zu dem, was der spirituelle Autor Thomas Merton so treffend als *„the General Dance“*, „den allgemeinen Tanz“ bezeichnet hat.

Spirituell reifer werden

Bis heute hat sich die Menschheitsgeschichte weithin auf der ersten Bewusstseinsstufe abgespielt. Daran ist niemandem die Schuld zu geben. Wir haben auf der Stufe des Ringens um unser Überleben gelebt und mussten die Wagenburg um unsere eigene Gruppe, nationale Identität oder ethnische Zugehörigkeit schließen. Wir brauchten absolute Überzeugungen, selbst wenn sie nicht immer wahr waren. Als sich dann in den 1960er Jahren auf breiter Front die Schleusentore öffneten, verkosteten viele von uns die ersten aufregenden Früchte des kritischen Denkens. Das war berauschend, halbwahr und gefährlich, die unmittelbaren Folgen waren oft bemerkenswert. Die Hippies entstammten meiner Generation und wir meinten, das Endstadium der Erleuchtung sei damit erreicht, dass wir in prophetischer Sicht den Vietnamkrieg, die legalistische und klerikale Kirche und die rassistische Klassengesellschaft kritisierten. Zweifellos war all das notwendig. Wer das nie selbst mit durchgemacht oder dafür gekämpft hat, mag nostalgisch von den wunderbaren Zuständen vor dieser Sintflut träumen. Dabei vergisst er jedoch leicht, wie neurotisch, voller Vorurteile, dünkelhaft und kleinkariert vieles in den 1950er Jahren in Amerika und im Katholizismus in Wirklichkeit war. Diese Zeit kann nur idealisieren, wer nichts über die damalige Situation der Farbigen, der Homosexuellen, der misshandelten Frauen, die treu in ihrer Ehe geblieben sind, und von den namenlosen Opfern von Inzest und Pädophilie weiß.

Nach einer gewissen Zeit wird man der ständigen Kritik müde. Auf ausschließlich negativer oder kritischer Energie lässt sich nichts aufbauen. Man kann nur auf das Leben aufbauen und auf etwas, *wofür* man steht, nicht auf etwas, *gegen* das man ist. Sich auf Dauer in der Opferrolle und in der Wut einzurichten zeugt von Unreife. Es ist ebenso unreif, wie an allem seinen Eltern die Schuld zu geben. Das Heil liegt nicht in bloßer Kritik und Analyse. Niemand und keine Gruppe mag es, tagtäglich kritisiert zu werden und ständig zu hören, er oder sie liege falsch und sei dumm. Dauerkritik ist bloß eine Spielart der Selbstgerechtigkeit der Linken auf Stufe zwei und um nichts besser als die Selbstgerechtigkeit der Rechten auf Stufe eins. Wie über alle Selbstgerechtigkeit müssen wir auch über die permanente Kritik möglichst bald hinauskommen.

Wir werden nur dann erleuchtet, wenn das Ego für seine Vorwände stirbt und wir anfangen, uns von der Seele und vom Geist führen zu lassen. Von der Gnade Gottes geführt und indem wir uns mit unserem eigenen Schatten auseinandersetzen, werden wir durch diesen Sterbeprozess hindurchgeführt. In dem Maß, in dem wir lernen, uns in eine größere Wirklichkeit hineinzubewegen, beginnen wir ganz natürlich, unsere eigenen Sünden zu beweinen, denn dann erkennen wir alles, was wir in anderen Menschen verabscheuen und angreifen. Dann fangen wir an, das große Geheimnis des Mitgefühls zu leben, das wir Stufe drei nennen wollen.

Jesus als Mensch der Weisheit

Das Christentum konnte zu einer eigenen Religion werden, weil Jesus auf so wunderbare Weise eine weitere Stufe der Möglichkeit und Bewusstheit des Menschen symbolisiert. Er war ein Mensch, der mit den Gegensätzen und Widersprüchlichkeiten und den Menschen außerhalb seiner eigenen kleinen Welt umgehen konnte. Er hat nie ein System von Belohnung und Strafe und nie eine Religion gelehrt. Seine Weltsicht glich eher einem Win-win-Szenario mit lauter Gewinnern als dem späteren Win-lose-Spiel mit Gewinnern und Verlierern, das wir daraus gemacht haben. Wenn wir in Bezug auf unsere scheinbaren Kriterien wirklich ehrlich wären, *würden fast alle verlieren und eher Strafe als Belohnung verdienen.*

Der Psychologe Lawrence Kohlberg unterteilt in seiner Untersuchung über die Stufen der moralischen Entwicklung die ethische Reife in sechs Stufen. Normalerweise, so führte er aus, können wir nur die Menschen auf einer Stufe über uns verstehen. Wenn jemand auf Stufe drei der moralischen Entwicklung steht, kann er vielleicht – falls er einen guten Tag hat – Sympathie für Menschen auf Stufe vier empfinden. Jesus war ein Mensch auf Stufe sechs. Falls die Religion zum größten Teil auf den Stufen zwei und drei festsitzt, wie das der Fall zu sein scheint, gehen Jesus und seine Lehre weit über das Fassungsvermögen der meisten von uns hinaus. Aufforderungen wie „Liebt diejenigen, die euch hassen und verfolgen!“ begreifen wir grundsätzlich nicht und können sie nicht bejahen. Ein Großteil der Lehre Jesu über Gewaltlosigkeit, Einfachheit, Abwärtssteigen, Vergebung und Inklusivität hat sich auf die gesamte Geschichte des Christentums kaum ausgewirkt, bis auf die wenigen in jeder Generation und Denomination, die – innerlich und äußerlich – den gesamten Weg zurückgelegt haben.

Warum ist die Religion weithin auf Stufe eins mit dem Thema „Gesetz und Ordnung“ stehen geblieben? Gründe waren unter anderem die pausenlosen Kriege, Barbareninvasionen, der Schwarze Tod, Hungersnöte und die eineinhalb Jahrtausende währende Unterdrückung in den meisten christlichen Ländern. Erheblich verfestigt wurde Stufe eins bereits im Jahr 313, als Kaiser Konstantin das Christentum zur Staatsreligion erklärte. Um ein Reich zusammenzuhalten, braucht man Konformität, Kriege, Autorität – und man braucht Feinde. So nutzte man im Westen die Religion nicht zur Erleuchtung und Verwandlung von Menschen, sondern zur Schaffung von guten Bürgern für Kaiser und Papst. Die Geistlichkeit wurde nicht gebraucht und war nicht als Alternative erwünscht, sondern war zum Establishment geworden und nahm die Armen allenfalls von den Fenstern ihrer Bischofspaläste aus wahr. Quasi über Nacht sind wir aus den Katakomben in Basiliken umgezogen. Die großen katholischen Kirchen werden heute noch „Basilika“ genannt, das heißt wörtlich „Königspalast“.

Nachdem der Pharao unser Wohltäter und Beschützer war, durften viele Fragen nicht mehr gestellt werden. Beim Aufenthalt im Haus Pharaos konnte man nicht um die

Freilassung der Sklaven bitten. Auch Fragen nach Gerechtigkeit und Gleichheit wären an der dortigen Speisetafel ungehörig gewesen. Und falls jemand doch solche Fragen stellte, bekam er keine Antwort, sondern wurde in aller Stille – oder brutal – eliminiert. Dieser Zusammenhang wird schon im 2. Buch Mose beschrieben oder zumindest unterstellt. Sobald ein Mensch oben ist, spürt er nicht länger die Ablehnung, der Jesus strukturell ausgesetzt war, als er in einem besetzten Land auf die Welt kam. Wir haben die Seite gewechselt und deshalb auch unseren Standort und unsere Sichtweise umgekehrt. Jetzt sehen wir nicht mehr wie Jesus von unten herauf, sondern von oben herunter. Oben, das ist jetzt dort, wo fast der gesamte Klerus residiert. Aus dieser Sicht leitete und leitet sich fast unsere gesamte Predigt und Schriftauslegung ab: aus der Sicht der Weißen, der Europäer, der Gebildeten, der gut Eingerichteten und gewöhnlich der zölibatären Männer.

In der Thora beginnt die Offenbarung von Gottes Gerechtigkeit. Gott hat keine Kriterien außerhalb seiner selbst, an die er sich halten und sich dadurch als gerecht erweisen könnte. Gott kann nur Gott sein, indem er sich treu an das hält, was Gott ist. Gott kann nur Gottes eigenen Kriterien treu sein. Daher heißt für Gott gerecht zu sein, sich treu daran zu halten, was er gesagt hat und wer er ist. Das unterscheidet sich grundlegend von einem Gerechtigkeitsverständnis, zu dem irgendeine rächende Vergeltung gehört, wie sie dem späteren juridischen Verständnis entspricht. Nach dem Jahr 313 begann die Kirche, den Begriff der Sünde zu kriminalisieren. Sie übernahm einfach die juridische Funktion des Staats. Aber nach der Heiligen Schrift tut und offenbart Gott etwas völlig anderes: *Gott verwendet Israels Sünde, Gott verwendet unsere Fehler dazu,* um uns zur Verwandlung zu bringen. *Eine solche „wiederherstellende Gerechtigkeit“ ist der wahre und eigent-*

liche Sinn der biblischen Gerechtigkeit. Gott verwendet die Fehler der Menschen immer zu ihren Gunsten, um sie zu verwandeln. Das zeigt Jesus auf Stufe drei, der Stufe der Weisheit!

Die Bibel als Text, der sich nach vorne kämpft

Dass Gott die Fehler der Menschen nutzt, um sie zu verwandeln, gilt – bis auf Jesus und Maria – für alle biblischen Gestalten. Die Schwächen all dieser Menschen werden zum Mittel der Gnade Gottes. Dass wir so leicht den springenden Punkt übersehen, ist allerdings verständlich, denn das Ego bzw. das Fleisch versteht aus seiner Natur heraus die Wirklichkeit als „dies für das", als *quid pro quo* und als Belohnung und Strafe: Machen wir etwas falsch, verdienen wir Strafe; machen wir es richtig, belohnt uns das Leben. Wie in einem schlechten Roman läuft das immer gleich ab. Selbst die Bibel ist als schlechter Roman geschrieben, der sich nach der einzigen Verlaufsgeschichte abspielt, für die wir uns wirklich interessieren. In dieser Geschichte gewinnen die Guten und die Bösen verlieren. Natürlich ist diese Darstellung sinnvoll für die Verlierer, die Leidenden, die Sünder und alle, die sich selbst hassen. Sie hoffen auf etwas anderes. Um dieser Hoffnung willen ist Jesus gekommen und zu dieser Hoffnung hat er im Tiefsten gesprochen.

Die Bibel, die nach christlicher Überzeugung ihren Punkt Omega in Jesus erreicht hat, ist eine alternative Lesart der Geschichte, ein „Text in Arbeit", wie der französische Literaturwissenschaftler, Kulturanthropologe und Religionsphilosoph René Girard schreibt. Der Bibeltext erfasst die Alternative zum Teil, aber dann scheint sie wieder zu gut, um wahr zu sein, und der Text wendet sich wieder zurück. Die Bibel selbst illustriert alle drei Stufen. Sie trifft die Botschaft und hält sie hie und da durch, aber unvermeidlich kommt sie dann doch immer wieder an den Punkt, dass sie doch nicht recht glauben kann, dass die Frohe Botschaft so gut sein oder Gott so großzügig sein könne, und beginnt, Bedingungen zu nennen, Voraussetzungen und Erfordernisse. Damit fällt sie auf Stufe eins zurück. Die Bibel macht immer drei Schritte vorwärts und zwei zurück; die Antwort steckt im Problem.

In Wahrheit verwendet Gott unsere Probleme dazu, uns zur vollen Antwort zu führen. Gott ist der perfekte Recycler und in der Ökonomie der Gnade wird nichts vergeudet. Gott vernichtet den Teufel nicht, sondern benutzt ihn für seine eigenen Zwecke. Das ist die Höchstform von Sieg.

Die gerechte Macht Gottes wird wesentlich dadurch bestimmt, dass sie Menschen wieder aufrichtet, wenn sie gebrochen oder verletzt sind, und ihre Fehler dazu verwendet, sie zu befreien, weicher zu machen, zu erleuchten und zu verwandeln. In keinem Text im Alten Testament wird Gottes Gerechtigkeit mit Rache am Sünder gleichgesetzt. Das scheint zwar manchmal anders, aber wenn man den jeweiligen Abschnitt im Kontext liest, zeigt sich, dass die Bestrafung immer dazu dient, den Sünder zurückzubringen. Gottes Gerechtigkeit ist immer rettende Gerechtigkeit. Was man als Bestrafung erfährt, geschieht niemals aus Rache, sondern immer um der Wiederherstellung willen. Darum besteht die Gerechtigkeit der Menschen darin, an dieser Ganzheit und Weite Gottes teilzuhaben und sich in Gottes nicht rachsüchtige Freiheit hineinführen zu lassen. Dass es uns nicht gelungen ist, vor allem in christlichen Ländern die Gewaltfreiheit einzuführen, liegt vielleicht daran, dass wir sie in unserem eigenen Inneren noch nie richtig wahrgenommen haben. Gewaltfreiheit zu erreichen ist vor allem anderen das Werk des Gebets. Wir müssen innerlich allen unseren Dämonen die Stirn bieten, in inneren Reisen, beim Schattenboxen gegen unsere eigenen Illusionen, beim Benennen, Vergeben und Heilen unserer eigenen Finsternis und Gebrochenheit.

Zur Veranschaulichung der Stufe eins der Religion habe ich bereits auf das 3. Buch Mose hingewiesen. Wir dürfen diesen Text – wie jedes Buch der Bibel! – jedoch nicht auf dualistische Weise als ganz und gar überholt oder vollkommen perfekt ansehen. Neben den der ersten Stufe der Religion entsprechenden Passagen findet sich bereits im 3. Buch Mose eine immanente Aussage mit der Weisheit der Stufe drei, hinter die die meisten von uns jedoch zurückgefallen sind. Amerikaner würden diesen Text wahrscheinlich als Sozialismus oder sogar Kommunismus abtun: „Das Land darf nicht endgültig verkauft werden, denn das Land gehört mir und ihr seid nur Fremde und Halbbürger bei mir ... Wenn dein Bruder verarmt und sich neben dir nicht halten kann, sollst du ihn, auch einen Fremden und Halbbürger, unterstützen, damit er neben dir leben kann. Nimm von ihm keinen Zins und Wucher! Fürchte deinen Gott und dein Bruder soll neben dir leben können" (3. Mose 25,23.35-36). Dieser erleuchtete Text über die Sünde des Wuchers hatte in der westlichen Kirche bis ins 12. Jahrhundert Geltung. Er bedeutet einen Schlag ins Gesicht des uns so selbstverständlich erscheinenden Kapitalismus. Bis ins 12. Jahrhundert wurde aus der Kirche exkommuniziert, wer von jemandem, der darniederlag, für ein Darlehen Zinsen verlangte.

Manche Menschen behaupten, die Kirche ändere sich nie. Aber komischerweise können wir uns auf bestimmten Gebieten recht leicht ändern. Wenn es um das kapitalistische Denken geht, sind wir fähig, Heilige Schrift und Tradition auf der Stelle beiseitezulegen. Was früher eine „Todsünde" war, ist jetzt der Inbegriff der westlichen christlichen Volkswirtschaften. *Kapitalismus* ist die Methode, aus Geld weiteres Geld, „Kapital“ genannt, zu machen, statt aus wirklicher Arbeit, der Produktion von Gütern und dem Angebot von Dienstleistungen. Die völlig andere Sichtweise der Bibel wird mit der Natur Gottes selbst begründet: *„Ich bin der Herr, euer Gott, der euch aus Ägypten herausgeführt hat, um euch Kanaan zu geben und euer Gott zu sein“* (3. Mose 25,38). Mit anderen Worten: „Israel, du hast dein Land von mir umsonst bekommen. Es ist mein Besitz und darum gib es lieber kostenlos her!“ Alles hängt an dieser ursprünglichen Gotteserfahrung. Ohne diese ursprüngliche Erfahrung ist ein Verstehen der Zusammenhänge nicht möglich. Wie soll ein Mensch auch weitergeben können, was er gar nicht erfahren hat? Alles hängt also davon ab, dass wir den heiligen Einen kennen. Erkennen wir ihn aber erst einmal, so durchfließt er uns. Dann beginnt der trinitarische Tanz.

Im Altertum gab es Juden, die bereits auf Stufe drei waren. Viele heutige Christen haben sich aber immer noch zufrieden auf Stufe eins eingeigelt. Alles hängt von denjenigen ab, die „den Herrn und seine Wege kennen“ oder, wie wir heute formulieren würden, die ein inneres Leben führen, bei dem im Gebet das Ego abnimmt, der Schatten vom Licht verdrängt wird und die Herrlichkeit sich offenbart. Das Wort „Gebet“ passt für die meisten Menschen nicht mehr auf diesen inneren Weg. Deshalb spreche ich lieber von Meditation oder Kontemplation. Zudem ist in unseren praktisch und utilitaristisch ausgerichteten Kulturen das Gebet zu einem Mittel dafür verkommen, etwas zu „bekommen“. In Wirklichkeit geht es beim Gebet jedoch sehr viel mehr um das „Loslassen“ von etwas, nämlich all der Dinge, die wir nicht brauchen und die ohnehin substanzlos sind.

Zusammenzufassend: Das spirituelle Bewusstsein schreitet vom Gesetz zur Prophetie und dann zur Weisheit fort.

Jesus selbst ist das lebendige Wort; er *bestätigt* alle drei Stufen. Doch zweifellos *verkörpert* er endgültig und in Fülle die Reife der Weisheit von Stufe drei. Eine derartige Ganzheit musste fast zwangsläufig eine völlig neue Religion hervorbringen. In der gesamten Bibel finden sich dichte und wunderbare Beispiele dieser Weisheit von Stufe drei. Deshalb sollten wir uns davor hüten, auf dualistische und saubere Weise das „Alte“ vom „Neuen“ Testament abzuspalten. Jesus verkörpert das Judentum in Bestform; er stammt voll und ganz von diesem göttlichen Mutterboden ab. Ein inneres Leben der Meditation oder Kontemplation ist dazu angetan, die Räder zu schmieren, die uns auf dem Weg zur Weisheit voranbringen. Ohne ein solches Leben werden wir immer beim bloßen Gesetz oder bloßer Kritik hängen bleiben.

Durch das Nadelöhr kommen

Der Schlüssel zum Eintritt in den göttlichen Austausch ist nie unsere Würdigkeit, sondern Gottes Großzügigkeit. Jeder Versuch, unsere Würde zu messen oder zu steigern, wird zwangsläufig scheitern oder er zwingt uns zu jenem Leugnen oder Vortäuschen, das besonders fromme Menschen allzu oft als Heuchler erscheinen lässt.

Den meisten Menschen fällt es sehr schwer, auf eine „Ökonomie der Gnade" umzuschalten. Wir gründen ja fast alles in unserer Kultur auf irgendeine Form von Erfolg, Leistung, Errungenschaft, Bezahlung, Tauschwert oder Würdigkeit. Ich möchte diesen Zustand als „Meritokratie" bezeichnen, als die „Herrschaft des Verdienstesammelns". *Solange man nicht persönlich die Erfahrung eines dramatischen und persönlichen Zusammenbruchs der Regeln des Verdienstesammeln erlebt, ist es fast unmöglich, dieser starren Logik nicht zu glauben oder außerhalb ihrer zu handeln. Diese Umstellung lässt sich nicht theoretisch oder abstrakt vornehmen. Sie kann nicht bloß im Kopf erfolgen!*

Diese scheinbar unumstößliche Regel wird durch Gnade gebrochen. Damit ist gemeint, dass Gott uns großzügigerweise aus unseren selbst errichteten Gefängnissen entlässt. Einzig auf diese Weise kann Gottes Haushalten über unser stark verinnerlichtes System des Verdienstesammelns triumphieren. Die Gnade ist der geheime Schlüssel, mittels dessen sich Gott als der göttliche Türöffner für unser gesamtes Leben und die gesamte Geschichte anbietet. Wenn wir das Leben in seiner Fülle leben, stattet es uns immer wieder mit anderem Handwerkszeug aus, bis uns schließlich aufgeht, dass wir schon allein für unser Überleben und Gesundsein den Schlüssel der Gnade unbedingt brauchen.

Ohne Gnade verkommt fast alles Menschliche und degeneriert zu Kleinlichkeit, Beleidigtsein und Anklagen.

Die Gnade demütigt unsere Versuche, von uns aus Tugendhaftigkeit zu üben. Die Gnade bewirkt, dass wir uns machtlos fühlen und nicht länger wie bislang wissen: Wenn ich *dies* tue, verdiene ich mir sicher damit *das*. Wenn wir die Gnade zulassen, können wir stattdessen empfinden, dass wir arm und leer und sogar nutzlos sind. Wer möchte schon Gnade? Nur Sünder, fast niemand sonst! Nur Huren, Trinker und Zöllner, nicht die ehrenwerten Leute, nicht die netten oder erfolgreichen Menschen, in deren Leben es keine Risse gibt. Jede kleinste Lücke haben sie bereits selbst gefüllt.

Vielleicht aus diesem Grund hat Jesus diesen besonders ausgefallenen Satz gesagt, an dem ich mich immer noch reibe: „Eher geht ein Kamel durch ein Nadelöhr, als dass ein Reicher in das Reich Gottes gelangt" (Markus 10,25). Warum eigentlich haben wir aus dieser ziemlich eindeutigen Lehre keine unserer Dogmen oder Moralgebote abgeleitet? Da dürfen Menschen nicht zur Kommunion gehen, wenn sie praktizierende Homosexuelle sind oder geschieden sind und wieder geheiratet haben, aber ihre erste Ehe nicht annulliert ist. Einem Multimillionär – in einer Welt voll himmelschreiender Armut – steht die Kommunion hingegen offen. Wird darin nicht offensichtlich, dass wir eigentlich schon immer „Selbstbedienungs"-Christen waren, die sich bloß herausgegriffen haben, was sie gern hören wollten?

Was wir als besonders sündhaft betonen, hat immer mit dem Körper zu tun und das, was wir für absolut wesentlich halten, verfestigt unsere Abhängigkeit vom Klerus. Diese selektive Moral unterscheidet sich grundlegend von der radikalen Moral Jesu.

Jesus spricht zu seinen Jüngern: „Euch muss es zuerst

um Gottes Reich und seine Gerechtigkeit gehen; dann wird euch alles andere dazugegeben" (Matthäus 6,34). Wer in der Gemeindearbeit tätig ist, weiß, dass jede Vortragsreihe und jedes Pfarreivorhaben von vornherein zum Scheitern verurteilt ist, wenn man das Wort „Gerechtigkeit" in den Titel setzt. Mit Sicherheit werden bloß ein paar Leute kommen oder die Veranstaltung muss wegen mangelnden Interesses wahrscheinlich ganz abgesagt werden. Wie konnten wir es nur so weit bringen, dass ausgerechnet alle die Themen, die Jesus eindeutig für unwichtig erklärt bzw. von denen er gar nicht gesprochen hat (zum Beispiel Empfängnisverhütung, Abtreibung und Homosexualität), zum unerschütterlichen Kriterium dafür geworden sind, ob wir ganz zur Kirche gehören? Diese Kriterien halten vorwiegend Menschen für unumstößlich, die sich als Traditionalisten oder Konservative bezeichnen! Auf welche Tradition berufen sie sich? In den ersten 1900 Jahren der Kirche sahen die bereits in den ersten Jahrhunderten herausgearbeiteten und im Apostolischen und Nizänischen Glaubensbekenntnis festgehaltenen Grundlagen des Glaubens völlig anders aus. Das Thema Moral kommt in ihnen überhaupt nicht vor. Die Glaubensgrundlagen waren vielmehr mystisch und kosmologisch ausgerichtet und versetzten den Menschen in ein Gesamtbild, ein Meta-Narrativ, in dem der Mensch gerettet war, und das nicht dank seiner eigenen moralischen Vollkommenheit oder Leistung, sondern dank Gottes gnädigen Erbarmens, seines Zugehens auf uns und seines Uns-Aufnehmens.

Damit will ich nicht in Abrede stellen, dass Jesus einige starke moralische Stellungnahmen abgegeben hat. Diese haben allerdings weithin damit zu tun, dass wir uns selbst ändern sollten, statt ständig zu versuchen, andere zu ändern. Ein besonders harter Ausspruch, von dem wohl die meisten vor den Kopf gestoßen worden sind wie schon gleich am Anfang die Jünger, lautet: „Keiner von euch kann mein Jünger sein, wenn er nicht auf seinen ganzen Besitz verzichtet" (Lukas 14,33). Meines Wissens haben sich weder Päpste noch Bischöfe, weder Priester noch Laien daran gehalten. Im Gegenteil: Die christlichen Länder sind im Streben nach Luxus und im massiven Verbrauch der Güter dieser Erde führend.

Auch ich selbst habe nicht dementsprechend gelebt, obwohl ich nicht bloß Christ, sondern obendrein noch Franziskaner sein soll. Im Lukasevangelium ist die Rede von einem Mann, den man manchmal den „Dreizehnten" nennt, „der hätte Apostel werden wollen". Er hat eine persönliche Einladung durch Jesus abgeschlagen. Jesus nennt ihm klipp und klar die Vorbedingungen dafür, ihm nachzufolgen: „Eines fehlt dir noch: Verkauf alles, was du hast, verteil das Geld an die Armen und du wirst einen bleibenden Schatz im Himmel haben; dann komm und folge mir nach!" (Lukas 18,22). Es ist höchst erstaunlich, auf wie praktische und anspruchsvolle Weise Jesus hier die Bekehrung beschreibt. Ein Grund für die Härte seiner Antwort besteht vielleicht darin, dass ein junger, reicher Mann egozentrisch gefragt hat: „Guter Meister, was muss ich tun, um das ewige Leben zu gewinnen?" (Lukas 18,18). Diese Frage verrät keinen hohen Grad von Erleuchtung oder Liebe; dahinter steckt bloß selbstherrliches und anspruchsvolles Eigeninteresse. Trotzdem haben wir die Menschen diese Frage Jahrhunderte hindurch stellen lassen und sie sogar in der Vorstellung bestärkt, dies sei die richtige Frage. Doch in Wahrheit entstammt sie einem verkappten Narzissmus, sieht Religion als Versicherungspolice und hat mit Liebe zu Gott nichts zu tun. Jesus verweigert eine direkte Antwort auf diese Frage, denn es handelt sich um eine gut kaschierte selbstsüchtige Frage. In Wirklichkeit sagt er dem jungen Mann: „Damit du wirklich erwachsen wirst, bedarf es einer größeren Operation. Du wirst nie verstehen, worum es geht, wenn du dich nicht eindeutig auf eine Abwärtsbewegung einlässt!" Die meisten Bibelstellen, die uns auffordern, uns zu ändern, werden heutzutage normalerweise als frommer Unsinn abgetan.

Dem jungen Mann geht es um noch größeren Ego-Besitz, selbst wenn er ihn „ewiges Leben" oder „Himmelreich" nennt. Er hat schon zu lange alles für sich selbst gesammelt; jetzt ist es an der Zeit, etliches zurückzuzahlen. „Der Mann aber wurde sehr traurig, als er das hörte; denn er war überaus reich", heißt es in der Erzählung weiter. Da blickt Jesus um sich und sagt zu seinen Jüngern: „Wie schwer ist es für Menschen, die viel besitzen, in das Reich Gottes zu kommen!" (Lukas 18,23-24). An einer anderen Stelle erklärt er seinen Jüngern: „Ihr könnt nicht beiden dienen, Gott und dem Mammon" (Lukas 16,13). Weiter heißt es: „Das alles hörten auch die Pharisäer, die sehr am Geld hingen, und sie lachten über ihn" – genau wie vielleicht auch wir das tun würden. Aber Jesus geht sogar noch weiter und setzt hinzu: „Ihr redet den Leuten ein, dass ihr gerecht seid; aber Gott kennt euer Herz. Denn was die Menschen für großartig halten, das ist in den Augen Gottes ein Gräuel" (16,14-15). Hier sehen wir Jesus als scharfsichtigen Psychologen, der menschliche Züge erkennt und offenlegt, für die wir erst jetzt Namen haben: Streben nach Status, falsche Motive, Schaffung einer Person, Kultivierung eines Bilds seiner selbst und Verdrängung.

Trotzdem lässt Jesus einigen Spielraum. Zu Anfang seiner Bergpredigt sagt er: „Wenn eure Gerechtigkeit nicht weit größer ist als die der Schriftgelehrten und der Pharisäer, werdet ihr nicht in das Himmelreich kommen" (Matthäus 5,20). Er stellt nicht in Abrede, dass es auf Stufe eins der Religion um ein gewisses Maß an Tugend und Rechtschaffenheit geht. Wer würde einen loyalen Soldaten nicht mögen, der immer pünktlich ist, sauber und respektvoll; der salutiert und nie etwas stiehlt? Wer würde nicht wollen, dass die ganze Welt Sinn für eine grundlegende Sozialordnung und Sorge umeinander hätte? Aber trotzdem sagt Jesus in Wirklichkeit: „Nicht davon zu reden bin ich gekommen. Ich bin nicht hier, damit die halbwegs gut funktionierende Gesellschaft einfach weiterhin gut funktionieren kann." Doch genau zu diesem Zweck haben wir die Botschaft Jesu weithin umgemodelt.

Die allermeisten Soldaten dienen ihrem Land in hervorragender Weise und genießen deswegen zurecht in vielerlei Hinsicht Bewunderung. Man kann ihre Arbeitsbeschreibung jedoch nicht einfach auch auf die Jünger Jesu anwenden. Leider fehlt diese Einsicht unseren katholischen Schulen, Ordenshäusern, Seminaren und im Priesterstand. Loyale Soldaten werden immer heiliggesprochen; Mystiker und Propheten vielleicht, soweit wir einigermaßen sicher sein können, dass sie sich in loyale Soldaten der Institution umdeuten lassen. Wie konnten wir aber Johannes den Täufer so hoch schätzen und Franz und Klara von Assisi heiligsprechen? Ihr gesamter Lebensstil schrie förmlich nach einer Reform der Kirche und war eine einzige große Kritik an der Religion der Masse der Gläubigen.

Ein Jünger ist, wer die Worte Jesu ernst nimmt: „Sorgt euch nicht um euer Leben und darum, dass ihr etwas zu essen habt, noch um euren Leib und darum, dass ihr etwas anzuziehen habt ... Denn um all das geht es den Heiden in der Welt ... Euch jedoch muss es um das Reich eures Vaters gehen!" (Lukas 12,22.30-31). Manche schließen aus diesen Worten, Fünfsternerestaurants, kosmetische Operationen oder Designerkleidung seien mit einem Tabu belegt. Doch darum geht es gar nicht. Jesus findet die Frage nach der Kleidung schlicht unwichtig. Nach der gerade zitierten Stelle sind es die Heiden, „die sich darum sorgen, dass sie etwas anzuziehen haben". Ein anderes Mal spottet Jesus über den Klerus, der „gern in langen Gewändern umhergeht" (Markus 12,38). In seiner Spottrede gegen diejenigen, die sich „auf den Stuhl des Mose gesetzt" haben, weist er darauf hin, dass sie „ihre Gebetsriemen breit und die Quasten an ihren Gewändern lang" gemacht haben, um von den Menschen gesehen zu werden (Matthäus 22,2.5). Man sollte meinen, deshalb würden wir Kleriker uns davor hüten, jemals irgendwelche langen Kleider zu tragen, und wir würden ganz bestimmt keine Quasten an die Enden unserer Stolen hängen, aber natürlich tun wir trotzdem genau das, ich selbst nicht ausgenommen.

Die Frauen dieser Welt, denen man zuweilen vorhält, sie sorgten sich zu viel um Kleider, Schmuck und Design, müssen bei einer feierlichen kirchlichen Zeremonie vor Neid erblassen. Der Klerus übertrifft sie um Längen! Ich liebe mein braunes Franziskanerhabit, aber ich hoffe, dass mir auch dann bewusst ist, dass ich Franziskaner bin, wenn ich es nicht trage.

Vermutlich ist bei jeder *Fixierung* auf Äußerlichkeiten ein Mangel an tief innerlicher Erfahrung des Geheimnisses im Spiel. Ist man dagegen erst einmal mit dem Absoluten in Berührung gekommen, so werden alle Äußerlichkeiten zu bloßen Behältern, Kostümen und Zeichen, haben aber nicht viel mit dem Inhalt zu tun. Nicht nur unser Bild von uns selbst muss sterben, sondern – und das ist noch viel wichtiger – auch *unsere Anhänglichkeit an unser Bild von uns selbst* muss sterben. Ich beispielsweise muss mich von dem Bedürfnis befreien, mein Priestersein zu verteidigen oder mir auszumalen, ich sei Bischof oder Kardinal oder auch nur Leiter der örtlichen Gebetsgruppe. Das alles ist für das wahre Selbst ohne jede Bedeutung. Auf den höheren Etagen der Kirche ist man weithin im 3. Buch Mose stecken geblieben, das von Priestern verfasst wurde, die

„Düfte und Glöckchen“ über alles liebten und zu stark auf das Heiligtum fixiert waren, statt sich um die Welt zu kümmern und darum, worunter das Volk Gottes leidet.

Es mag enttäuschend sein, dass Jesus keine abstrakte Theorie der sozialen Gerechtigkeit liefert. Stattdessen macht er aus seinem ganzen Leben *ein konkretes lebendiges Gleichnis dafür, wie man in dieser Welt leben soll,* genau wie das später der heilige Franziskus wieder tun sollte. Er verlangt von seinen ersten Jüngern das lebendige Zeugnis eines einfachen Lebens *am Rand.* Ein Mensch, der erst einmal im sichtbaren Zentrum oder ganz oben steht, muss zu viel beweisen und zu viel absichern. Davor haben alle großen spirituellen Lehrmeister stets gewarnt. Die einzig freien Positionen liegen ganz unten und an den Rändern der Welt. Überall sonstwo muss der Mensch zu viel aufrechterhalten und sein Image hochhalten. Er gerät in Angst, alles zu verlieren. In der Folge muss er schließlich sein gesamtes Leben unter Kontrolle halten. Wir sollten ab und zu die Worte über das Nichtsorgen in Lukas 12,22-34 meditieren und uns regelmäßig fragen, ob diese Ermutigung unserer Weltsicht entspricht. Lukas 12,22-34 war übrigens der Lieblingstext meines Ordensvaters Franziskus!

Ein wenig Geschichte

Die meisten Lehren Jesu scheinen in den ersten paar Jahrhunderten ziemlich klar verstanden und für geradezu selbstverständlich gehalten worden zu sein, etwa die Verweigerung des Kriegsdiensts, einfacher Lebensstil und Feindesliebe. Doch dann beförderte das kaiserliche Edikt von 313 das Christentum an die Spitze und in das Zentrum des Römischen Reichs. In der Folge hält sich jetzt schon seit vielen Jahrhunderten das Mainstream-Christentum überhaupt nicht mehr an die anfänglich verstandene Botschaft.

Um 90 n.Chr. wurde die *Didache,* die *Zwölfapostellehre,* verfasst. Einige Aussagen illustrieren genau, worum es mir geht, beispielsweise: „Teile alles mit deinem Bruder und sage nicht, es gehöre dir. Wenn euch schon die unvergänglichen Dinge gemeinsam gehören, dann doch erst recht die vergänglichen." Aus Büchern wie der *Didache* lässt sich noch heute das reine und einfache, zärtliche und liebevolle Christentum herausspüren, das sich noch unverdorben von pragmatischem Denken und von Vernunftargumenten und Kompromissen zeigt.

Im gegen 120 n.Chr. geschriebenen *Hirt des Hermas* findet sich das Bild, wie man versucht hat, aus weißen runden Steinen, die sich nicht zum Bauen eignen, eine Kirche in Turmform zu errichten. Schließlich hat man diese Steine zwar nicht verworfen, aber beiseitegelegt. Es heißt, diese Steine stellten diejenigen Gläubigen dar, die sich immer noch auf ihren Reichtum und Erfolg stützen und deshalb nicht wirklich eine neue Gemeinschaft aufbauen können. Erst wenn sie behauen seien, also einiges abgelegt hätten, nämlich ihren Reichtum, könne man mit ihnen etwas anfangen.

Der heilige Klemens von Alexandria schrieb um das Jahr 175 einen Brief mit dem Titel „Kann ein Reicher gerettet werden?". Schon allein die Tatsache, dass diese Frage noch immer aktuell war, zeigt, dass Jesus in dieser Frühzeit noch ernst genommen wurde. Klemens kommt in seinem Brief zu dem Schluss, der Gläubige müsse zwar nicht auf *alle* seine weltliche Habe verzichten, Reichtum sei aber problematisch.

Der Kirchenvater Tertullian schrieb um 200: „Falls sich irgendjemand wegen seiner Familienbesitztümer Sorgen macht, raten wir ihm, wie das viele biblische Texte tun, die weltlichen Dinge zu verschmähen. Es kann keine bessere Aufforderung zum Aufgeben des Reichtums geben als das Beispiel unseres Herrn Jesus, der keine materiellen Besitztümer hatte. Er verteidigte immer die Armen und verurteilte stets die Reichen."

Wie ist es dazu gekommen, dass wir diese freie Einstellung verloren haben? Die Kirche war zu diesem Zeitpunkt noch nicht mit dem Reich verquickt und noch kulturkritisch eingestellt. Als sich ab 313 n.Chr. die gesellschaftliche Position der Christenheit schlagartig änderte, übernahm sie zunehmend die vorherrschende Sozialordnung und verteidigte diese sogar, vor allem was den Krieg und das Geld anging. Damit verlor sie nach und nach ihren freien und alternativen Blickwinkel. Vermutlich deshalb begann und entfaltete sich nach 313 das, was wir heute „Ordensleben" nennen. Denn von da an begaben sich immer mehr Menschen an den Rand der Kirche und legten das Armutsgelübde ab. Sie lebten in Außenposten, die zu „Kleinkirchen" wurden, ohne dass sie formell die Großkirche verließen.

Auch ich habe das Armutsgelübde abgelegt, aber ich bin heute wahrscheinlich besser abgesichert als viele andere Menschen, denn die Franziskaner werden für mich sorgen, solange ich lebe, und mich überall herausholen, wo ich in Schwierigkeiten gerate. Ging es historisch betrachten den Ordensgründern mit dem sogenannten „Armutsgelübde" wirklich darum? Das Armutsgelübde war ein Bekenntnis zu dem Willen, sich strukturell außerhalb der gesamten Welt des Marktes, der Produktion und des Konsums und der „Dies für das"-Mentalität zu stellen. Das Armutsgelübde bedeutete eine Entscheidung für strukturelle Unsicherheit. Wenn der „Geist des Marktes" die Seele immer mehr erobert, vernichtet er damit jeglichen Sinn für Gnade, Verwandlung und die aktive Kraft Gottes. Mein Novizenmeister sagte uns einmal im Flüsterton: „Wisst ihr, eigentlich sind wir Franziskaner echte Kommunisten. Aber sagt das niemandem, denn das gilt hier in Amerika als schlimm!"

Die Texte aus den Jahrhunderten vor 313 zeigen, wie unvorstellbar es für einen Christen war, aktiver Soldat zu sein. Damals bekämpfte das Militär die Christen; diese waren ganz unten. Ab etwa 400 war das gesamte Heer christlich und nun töteten die Christen die Heiden. In einem Zeitraum von etwa 200 Jahren sind die Christen von fast vollständigen Außenseitern zu den weithin bestimmenden Insidern geworden!

In der Zeit nach 313 wandten sich Menschen wie der heilige Johannes Cassian, Evagrius Ponticus und die frühen Mönche in Ägypten und Syrien einem Leben in der Wüste zu. Sie konnten den Lebensstil des neuen Siegertums für sich nicht akzeptieren. Sie entwickelten und lehrten in der Wüste eine systematische Lehre von der Geisteshaltung der Kontemplation. Von da an bis in die Neuzeit galt der auch von den Herrschenden respektierte Grundsatz, dass Mönche und christliche Priester nicht im Krieg kämpfen und andere töten durften. Wie kam diese Aufspaltung zwischen zwei Sorten von Christen zustande? Ich hoffe, dass es daran lag, dass Geistliche dank ihrer kontemplativen Einstellung das Evangelium tiefer verstanden und deshalb das Verbot zu töten begriffen.

Von fast nichts anderem werden Menschen so tief verwandelt wie von einer großen Trauer, die sie durchmachen und bewältigen – natürlich nur, wenn sie bereit sind, aus der Trauer etwas zu lernen –, denn während des Trauerns funktionieren unsere gewöhnlichen Abwehrmechanismen nicht. Bei den Übergangsriten für Männer, die ich leite, werden die Männer zu einem intensiven „Trauertag" losgeschickt. Ein solcher Trauertag war wesentlicher Bestandteil der meisten Initiationsriten, weil der Trauermodus ein völlig anderer Erkenntnismodus ist als der Festhaltemodus, der Kontrollmodus oder sogar der Verstehensmodus. Bei der Trauerarbeit weiß der Mensch, dass er nichts begreift und zum Verstehen auch in Zukunft nicht fähig sein wird. Er ist in eine unauflösbare Absurdität und Rätselhaftigkeit getaucht, oft ist kein Ende in Sicht. Meiner Überzeugung nach ist Trauer für viele Menschen, insbesondere für Männer, das bevorzugte Eintrittsportal in die Welt von Seele und Geist. Den Schmerz und die Erfahrung der Trauer können Menschen nicht festmachen, verändern, kontrollieren oder verstehen. Für Trauer kann man niemand anderen verantwortlich machen. Trauerarbeit ist die unausweichliche Folge, wenn wir in einem Akt der Solidarität mit Menschen mitfühlen, die tragische Erfahrungen gemacht haben. Wir müssen Trauerarbeit leisten angesichts des Leids auf dieser Erde, angesichts der Ungerechtigkeit und der Absurdität von allem, die wir gewöhnlich beim Tod eines uns besonders nahestehenden Menschen empfinden.

Von dieser Art von *enger Nähe zum Leiden* werden wir gezwungen, den Bereich des Denkens zu verlassen, uns unserem Herzen zuzuwenden und unseren Tränen freien Lauf zu lassen. Dadurch gelangen wir in den Bauch des Walfischs, in dem sich meiner Erfahrung nach jegliche Verwandlung und Erleuchtung vollzieht. Dazu passt das Wort Jesu, es werde uns „kein anderes Zeichen gegeben werden als das Zeichen des Propheten Jona" (Matthäus 12,39). Nur wenn Menschen der Unterseite ausgesetzt werden, dem Schatten-Selbst, dem „tragischen Lebenssinn", wie der spanische Philosoph und Schriftsteller Miguel de Unamuno schreibt, werden sie willens, sich zu verändern.

Ein allzu behütetes Leben stößt zu keiner tiefen oder umfassenderen Erkenntnis vor. Deshalb fordert Jesus nicht bloß dazu auf, den Armen und Geplagten zu helfen – obwohl auch das wunderbar ist –, sondern er ruft dazu auf, *mit der* Realität *grundlegend solidarisch zu werden* und aufgrund dessen *uns selbst zu verwandeln.* Wir gehen also nicht allein deshalb an den Rand, um anderen zu helfen. Erst später geht uns auf, dass damit in Wirklichkeit *uns* geholfen wird, und zwar auf eine Art und Weise, deren Notwendigkeit wir nicht gesehen haben. Manche bezeichnen das als „umgekehrte Mission". *Die Menschen, die wir zu retten meinen, retten am Ende uns und geben im Lauf dieses Prozesses dem Begriff der „Rettung" einen ganz neuen Sinn.*

Nur in der Nähe der Armen, eng bei den „Tränen der Dinge", abgewandt vom Aufsteigen und in Solidarität mit dem Leiden können wir uns selbst verstehen, einander richtig lieben, Jesus nachfolgen und voll und ganz sein Evangelium leben. Die Sicht vom Gipfel aus ist allzu sehr von Fehlwahrnehmung, Illusionen, Ängsten vor dem Fallen und radikaler Abkoppelung vom Herzen verfälscht. Thomas Merton hat einmal gesagt, dass wir womöglich ein Leben lang die Erfolgsleiter hinaufsteigen, um oben angekommen festzustellen, dass die Leiter gegen die falsche Wand gestellt war.

Letztlich gibt es nur zwei „Schmelztiegel zur Verwandlung": große Liebe und großes Leiden. Liebe und Leid sind Schmelztiegel, riesige Kessel zum Wärmen, Kochen, Mixen und Würzen! Das Leben der Kontemplation ist ein *fortwährender, vorsätzlich gewählter und letztlich freier Fall* in diese beiden Schmelztiegel. Liebe und Leiden sind die beiden wichtigen Wege. Das kontemplative Gebet kann uns auf diesen beiden Wegen halten – auf lange Sicht und lange Zeit.

Der Angriff Jesu auf die Systeme dieser Welt

Nur wenn es bei der Religion um Heilung geht, hat sie den Menschen wirklich etwas zu bieten. Ansonsten ist sie eine „Vertröstungsreligion“. Nach einer Formulierung des amerikanischen Theologen Brian D. McLaren haben wir das Evangelium weithin zu einem „Evakuierungsplan in die nächste Welt“ gemacht. Solange wir das Bedürfnis und den vielfältigen Wunsch nach Heilung nicht begreifen, bezieht sich das Heil (lateinisch *salus* = Gesundheit) lediglich auf die Hoffnung auf eine erst später vorgesehene Belohnung. Schlimmer noch: Viele halten das Heilen nicht mehr für wichtig, das Heilen von Gruppen, Institutionen, Kriegswunden, von Ehen, Missbrauch, Rassendiskriminierung und das Heilen der endlosen sozialen Missstände, in denen wir heute versinken. So geht die Kunst des Heilens verloren, weil wir sie nie von Anfang an gelernt haben, nämlich am einzelnen menschlichen Herzen.

Das Heilen war fast nie die Sache bzw. Sorge der Kirche. Stattdessen geht es ihr darum, die soziale und kirchliche Ordnung aufrechtzuerhalten, Gnaden und Ablässe auszuteilen (als ob das möglich wäre), Dispensen zu gewähren, Annullierungen und Absolutionen zusammen mit den angemessenen Bußen auszusprechen, die Menschen um jeden Preis in ihrer ersten Ehe zu halten, statt die Ehe selbst als Schauplatz für das Reifen, die Vergebung und Verwandlung von Frau, Mann, Kindern und der gesamten Großfamilie zu sehen. Im Allgemeinen versucht die Kirche, Probleme der Seele und des Geistes mit juristischen Mitteln zu lösen. Das kann meiner Überzeugung nach kaum funktionieren.

Die vorherrschende Sorge der Kirche ist es, den Menschen dabei beizustehen, sich mit ihren Problemen abzufinden und aus ihnen das Beste zu machen. Damit gibt die Kirche ein Unterdrückungsverhalten an die nächste Generation weiter, denn ihr fehlt das Problembewusstsein für Unterdrückung, Verfolgung und Kleingläubigkeit. Wenn wir solche Seiten unserer selbst nicht benennen und heilen, wie sollten wir dann in der Lage sein, sie in unserer Kultur, unserem eigenen Land, auf der Erde insgesamt, beim Militär oder sogar innerhalb der kirchlichen Institutionen zu verwandeln?

Nichts deutet darauf hin, dass Jesus für die Jüngerschaft unterschiedliche Grade angenommen hätte. Wir sind alle gleichermaßen in seine Nachfolge berufen. Insofern ist das frühe Mönchtum mit den Wüstenmüttern und -vätern eine überraschende Erscheinung. Denn daraus ist ein eigenes Klassensystem entstanden, das in solche unterteilt, die angeblich die Berufung zur Nachfolge „richtig verstanden haben" und ernst nehmen, und andere, die nur nebenbei „mitmachen". Bereits der Begriff „Laie" auf einem Gebiet meint jemanden, der wenig von der betreffenden Materie versteht. Immer gibt es die Profis (1 Prozent) und die anderen (99 Prozent)! Wie kann das zutreffen, wenn das Evangelium doch die ganze Welt erlösen soll?

Könnten Meditation und Kontemplation über die Kraft verfügen, die Christenheit sowohl zu demokratisieren als auch reifer werden zu lassen? Sie setzen keine große Ausbildung voraus, benötigen keine Hierarchie von Entscheidungsträgern, müssen in Bezug auf Führung oder Liturgie keine Genderfragen diskutieren, kommen ohne lizenzierte Beamte für die Sakramente aus, bedürfen keiner Prediger und Bischöfe und erfordern keine moralistisch ausgefeilten Mitgliedschaftsbedingungen. Meditation und Kontemplation entstehen und gedeihen, wenn Menschen sich hingebungsvoll dem Gebet widmen. Sie haben alle Chancen, in ihrer Welt heilend zu wirken, jede und jeder gemäß der eigenen Begabung.

In seinen Büchern hat Thomas Merton über sein Kloster geklagt: „Wir sind keine wirklich Kontemplativen! Wir verrichten bloß eine Menge Gebete!" Das war für seine Mitbrüder wahrscheinlich schockierend (in seinem eigenen Kloster ist er bis heute nicht besonders beliebt) und für uns ist es ein Skandal: Die meisten Ordensgemeinschaften, sogar diejenigen, die sich als *kontemplativ* bezeichnen, werden zum größten Teil überhaupt nicht mehr in den älteren Traditionen des wortlosen Gebets oder des Vermeidens von diskursiven Gedanken ausgebildet. Viele Menschen im Kloster waren und sind introvertiert. Das mag schön sein, hat aber als solches nichts mit Heiligsein zu tun. Das Beten jenseits der Worte, das Gebet als Haltung, das Gebet als alternative Bewusstheit wird seit Langem weithin nicht mehr gelehrt. Die dualistische Denkungsart der Reformation und das rationale Denken der Aufklärung haben dies nicht mehr zugelassen.

Stattdessen werden Gebete rezitiert und vielleicht Psalmen gesungen. Das Loch im Herzen soll mit einer Menge Frömmigkeitsübungen gefüllt werden. Auch das mag schön sein, es führt jedoch nicht unbedingt in jenen tieferen Ort der Seele und rührt auch nicht tief das Unbewusste an, in dem doch fast alle unsere Wunden und unsere Schatten verborgen sind. Kein Wunder also, dass viele Menschen nicht einmal durch das Gebet geheilt wurden und werden und sich in den Klöstern etliche recht neurotische Persönlichkeiten tummelten und noch heute aufhalten. Die Autobiografie der französischen Heiligen Thérèse von Lisieux ist ein Beispiel dafür. Das Göttliche Offizium, so schön es ist, hält Menschen oft im Denken gefangen, in der linken Gehirnhälfte und der Welt der Ideen. Bloß diskursives Gebet eröffnet nicht den Zugang zu den tieferen Schichten der Gehirnfunktion, sondern bleibt weithin bloß eine Fortführung unserer tagtäglichen dualistischen Denkmuster. Das ist mittlerweile sogar wissenschaftlich belegt.

Die Architektur der Religion

Die Tempelreinigung – die zentrale Verdammung durch Jesus, die sich schließlich gegen ihn selbst richtet – lässt sich auf mehreren Ebenen lesen. Sie ist Jesu letzter dramatischer symbolischer Akt, bevor er getötet wird.

Die gleichen Muster der „Meritokratie", also des Denkens in Kategorien des Verdienstesammelns, kehren in jedem Zeitalter wieder. Das wird sich nicht ändern, solange die Christenheit nicht damit beginnt, ein aufrichtiges inneres Leben in den Vordergrund zu stellen, eine Welt der Gnade und Barmherzigkeit. Eine solche Welt ist *das einzige Gegengewicht zu einer Religion, die zum Wettlauf um Würdigkeit verkommen ist.* Bereits die Architektur des Jerusalemer Tempels und die Verwendung der Tempelhöfe verweisen auf das damalige Problem. Die einzige Abhilfe besteht darin, aus der Religion ein „Haus des Gebetes für alle Völker" (Markus 11,17) zu machen, eine Stätte, an der „Lahme und Blinde" zu Jesus kommen und von ihm geheilt werden (Matthäus 21,14). Diese beiden Zitate stammen aus der Geschichte, die von der sogenannten „Tempelreinigung" berichtet. Die Tempelreinigung ist Ausdruck einer *Austauschtheologie:* Die Religion als Kauf und Verkauf Gottes muss ausgetauscht werden gegen eine Religion des Betens und Heilens. Nach der Interpretation von Johannes muss das physische Gebäude gegen den menschlichen Leib Christi ausgetauscht werden (Johannes 2,19-21). Darin besteht im Wesentlichen das Programm für jedes

„neu entstehende Christentum“ und jede „neu entstehende Kirche“.

Jesus lehrt, dass bereits die Mentalität des Kaufs und Verkaufs Gottes bzw. die von solcher Mentalität geprägte Liebe und Gnade verschwinden müssen, denn sonst bleibt die Religion korrupt und unreif. So funktioniert Liebe nicht. Doch wir handeln immer noch nach dieser Mentalität. Religion dreht sich um subtiles, nichtsdestotrotz aber reales Kaufen und Verkaufen. In diesem Handel sind die Kleriker zu Rating-Experten über Würdigkeit oder Unwürdigkeit und zu Kontrolleuren der Mitgliedschaftsbedingungen geworden. Sie entscheiden, wer dazugehört und wer nicht. Dieses Muster ist übrigens keine christliche Besonderheit. Der Hinduismus zeigt dieses Merkmal mit seinem Kastensystem, der Buddhismus mit seinen Klöstern für die spirituelle Upperclass und der Islam mit seiner Spaltung in Bezug auf Geschlecht und Amt. Im Judentum, der in meinen Augen archetypischen Religion, findet sich dieses Muster augenfällig in der Architektur des Tempels ausgelegt. Was mit dem Tempel in Jerusalem passiert ist, ist eine Voraussage und eine Vorbereitung darauf, was mit jeder Religion geschieht, wenn sie nicht tief genug geht, sondern bloß mit Äußerlichkeiten, Ritualen und Grenzmarkierungen beschäftigt bleibt.

Im physischen Zentrum des Tempels befand sich das Allerheiligste, das der Hohepriester nur einmal jährlich am Versöhnungstag betreten durfte. Er war sozusagen der Würdigste von allen. Umgeben war das Allerheiligste vom innersten Hof der Priester und Leviten und dem zweiten Hof für die beschnittenen jüdischen Männer. Ein dritter Hof war durch ein Gitter abgetrennt, der Vorhof der jüdischen Frauen. Dieses Muster wurde zuweilen für Synagogen der damaligen Zeit übernommen. Frauen, zumindest in ihren fruchtbaren Jahren, durften sich glücklich schätzen, diesen Hof wenigstens eine Woche pro Monat betreten zu können. Durch Reinheitsvorschriften bezüglich Menstruation, Wehen und Kindsgeburt waren sie ziemlich eingeschränkt; sie galten für eine ganze Anzahl Tage als „unrein". Nichtjuden bzw. Heiden durften nur den vierten, äußeren Hof betreten; die Übertretung stand unter Todesstrafe. Dieses Verbot war auf Inschriften deutlich vermerkt. Jesus könnte genau das kritisiert haben, als er sagte: „Mein Haus soll ein Haus des Gebetes für alle Völker sein" (Markus 11,17).

Kann diese ganze Aufteilung wirklich von Gott stammen? Hat Gott das Judentum in verschieden würdige Gruppen unterteilt? Hat er die Juden vorsätzlich vom Rest des Gottesvolkes abgetrennt? Man sollte doch glauben, dass Monotheisten die Ersten sein müssten, die über eine solche Überzeugung hinauskommen.

Als wäre das nicht schon schlimm genug, werden im 3. Buch Mose auch noch sieben einzelne Gruppen unterschieden, die ganz außerhalb des Tempels bleiben müssen, weil sie unrein oder „strukturell" sündig sind. Im Ergebnis heißt das, dass rund 99,9 Prozent aller je geschaffenen Gotteskinder für ihren Schöpfer nicht von Interesse gewesen sein sollen. Bevor wir uns jedoch über die damalige Ausgrenzung der Nichtjuden, der „Gojim", mokieren, sei daran erinnert, dass noch in meiner Jugendzeit Katholiken von „Nichtkatholiken" abgegrenzt wurden. Dahinter steckt dasselbe Grundmuster. Religiöse Marginalisierung, Klassendenken und Ausgrenzung sind extrem gefährlich, denn vorgeblich kommen sie von Gott.

Im Folgenden beschreibe ich die sieben Gruppen, die keinen der Höfe betreten durften. Ohne die Kenntnis dieser Unterteilung können wir viele Geschichten des Neuen Testaments nur unvollkommen einschätzen und verstehen ihren entscheidenden Punkt nicht.

1. Alle mit irgendeiner Art ansteckender Krankheit oder Hautkrankheit waren unrein und wurden unter dem Begriff „Aussätzige“ zusammengefasst. Alles äußerlich Sichtbare wurde als Gottes Strafe und Zeichen der Unreinheit angesehen.

2. Die unehelichen Söhne und Töchter der Priester waren unrein, ebenso wie grundsätzlich alle unehelichen Kinder.

3. Alle Menschen mit irgendeiner sichtbaren Behinderung oder Entstellung waren unrein. Das ist eine Erklärung für die meisten der Heilungsgeschichten Jesu.

4. Alle Frauen waren nach ihren Menstruationen und Kindsgeburten unrein.

5. Männer mit verletzten Genitalien waren unrein. Dazu gehörten vermutlich auch alle Menschen mit ambivalenten Genitalien, Hermaphroditen und Kastraten.

6. Strukturelle oder kontextuelle „Sünder“ waren unrein. Es handelte sich um Menschen, die durch ihre Beschäftigung mit Leichnamen, unreinen Tieren oder den in 3. und 4. Mose aufgezählten unreinen Substanzen in Berührung kamen; ebenso alle Kollaborateure mit den Unterdrückern der Juden wie zum Beispiel die Zolleinnehmer; außerdem praktisch alle, denen man unterstellte, sie hielten sich nicht an die Regeln der rituellen Reinheit und gebotenen Tempelbesuche, wie etwa die Hirten, die weit entfernt vom Tempel oder einer Synagoge lebten. Sündig zu sein bedeutete viel stärker, einer Klasse, einer Kategorie, einem Zustand, einer Beschäftigung anzugehören, als – wie man das später verstand – eine bestimmte innere Haltung zu haben oder persönlich böse zu sein. Diese letztere Vorstellung stammt weithin von Jesus selbst. Wir können gar nicht hoch genug einschätzen, wie sehr Jesus unsere Vorstellung von dem, was Sünde eigentlich ist, freier gemacht hat.

7. Heiden, also die anderen 99 Prozent aller Menschen

auf der Welt, wurden unterschiedslos als Unreine, Ungläubige, Heiden, Verlorene und sogar dem Teufel Zugehörige betrachtet.

Wir sollten uns vor einem vorschnellen Urteil hüten. Wie viele von uns sind noch mit der katholischen Kommunionbank aufgewachsen, dieser Schranke, hinter der sich nur die Ministranten und der Klerus aufhalten durften und vielleicht noch die Klosterfrauen, die den Altarraum putzten. In den meisten englischen Kathedralen ist dieses starre Muster verfestigt: Altar, Altarraum, Sitz für die Kleriker, Platz für Knabenchor, Chor und Kanzel und erst dann die 99 Prozent der christlichen Gemeinde. Um durch alle Schranken hindurchzukommen, braucht man als Begleiter einen Küster. Während einer Festmesse in einer englischen Kathedrale waren alle „inneren Höfe" mit auffallend gekleideten Personen besetzt, ebenso die Orgelempore und eine große Prozession zog in die Kirche und später wieder hinaus. Ich saß derweil ganz allein in der vordersten Kirchenbank. Mir schien, als hielte die wunderbare Priesterin ihre Predigt nur allein für mich. Ich fühlte mich als etwas ganz Besonderes und war zugleich unendlich traurig.

Heutzutage sind Sakralbauten oft kreisförmig angelegt; die Gemeinde fühlt sich stärker einbezogen und eingeladen und es entsteht ein tieferes Gemeinschaftsgefühl. Noch immer aber spiegeln sehr viele Gottesdiensträume eine Religion des Wettbewerbs um Reinheit. Das zugrunde liegende Würdigkeitssystem spricht das Ego stark an. Das Ego bzw. das Fleisch erschafft immer wieder insgeheim oder auch sehr eindeutig Schuld- und Reinheitskodizes, um danach zu bemessen, wer dazugehört und wer nicht. Diese Kodizes haben gewöhnlich sehr viel mit kulturellen Ängsten, Voreingenommenheiten und Klassenurteilen zu tun und kaum etwas mit dem, was uns wirklich von Gott abhält oder zu ihm hinführt. Für die meisten Menschen fühlen sich diese Kodizes klar und sauber und irgendwie richtig an. Jesus allerdings hat während seines öffentlichen Wirkens das Würdigkeitssystem immer wieder angeprangert.

Indem Jesus Unreine, Sünder und Außenseiter anrührt und sich mit ihnen gemeinmacht, stellt er diese Schuld- und Reinheitsregeln auf den Kopf. Man muss schon sehr verbohrt sein, um das *nicht* zu sehen. In nahezu jeder Evangeliengeschichte bejaht Jesus die Menschen in den Außenhöfen und stellt sich auf ihre Seite. Genauso klar, ja vernichtend fällt seine Kritik des Innenhofs aus. Diese eindeutige Position der Evangelien zu erkennen fällt vielen Menschen schwer. Die Ursache dafür lässt sich sogar wissenschaftlich begründen: Der Mensch kann nicht sehen, wenn er auf das zu Sehende und zu Erwartende nicht explizit hingewiesen wird. Wenn wir in einer stillen Übereinkunft eine allgemein übliche, gewöhnlich harmlose und lang gewohnte Auslegung vertreten, können wir uns keine andere mehr denken. *Was zu sehen wir beschließen, das bestimmt auch, was wir nicht sehen.*

Was hat Jesus eigentlich immer in der Zeit von Sonntag bis Donnerstag getan? Er scheint für seine Unternehmen stets die Zeit von Freitagabend bis Samstagabend abzuwarten. Er setzt seine Aktionen am Sabbat gezielt als Beispielhandlungen ein. Zusammen mit der Beschneidung und den Reinheitsvorschriften war der Sabbat zur Zeit Jesu die meistbeachtete öffentliche Grenzmarkierung und das Loyalitätssymbol schlechthin. Jesus lehnt es ab, sich von einem bloß legalistischen oder ritualistischen Verständnis seiner Religion binden zu lassen. Wir aber haben aus der Lehre Jesu ein moralisches Unternehmen gemacht statt ein mystisches. Das zeigt, dass wir die gesamte Richtung seiner Reform und Einladung fast gänzlich verfehlt haben.

Persönliche Reform kontra Reform der Organisation

Die Großkirche hat weithin aus einer Position der Sicherheit heraus Strukturen der Nächstenliebe und des Almosengebens geschaffen und ihre Organisation darauf aufgebaut. Das ist zum Teil notwendig und verständlich. Allerdings ist dabei das tiefere Gespür für Solidarität, Gerechtigkeit, Einfachheit und grundlegendes Verständnis der Armen verloren gegangen. Die meisten Christen fühlten sich nicht mehr aufgerufen, arm zu werden wie Christus, sondern nur noch dazu, den Armen mittels Nächstenliebe zu helfen. Persönlicher Reichtum wurde akzeptabel, auch beim Klerus. Aber so gut die Nächstenliebe auch sein mag, sie hatte weithin zur Folge, dass man sich um das grundsätzliche Anliegen der Gerechtigkeit drückte. Das bedeutet ein Entfernen von dem, was Jesus gelebt und wozu er die Menschen aufgefordert hat. Wir sind nicht mehr die Armen, die Jesus glücklich gepriesen hat, sondern wir kümmern uns aus unserem Wohlstand heraus um die Armen. Das ist gut und notwendig, aber nicht das, was Jesus eigentlich wollte.

Auch wenn die katholische Kirche keine Kirche *der* Armen war, wurde sie zeitweise eine Kirche *für* die Armen, und zwar gewöhnlich mittels spezialisierter Gruppen, nämlich der Ordensgemeinschaften. Zwei Drittel der Ordensgemeinschaften der katholischen Kirche gehen auf wunderbare Frauen und Männer zurück, die Kindern eine Schulbildung ermöglichen und ihnen Schutz und Fürsorge angedeihen lassen wollten.

Einer der wenigen Gründe, weshalb der Katholizismus bis heute überlebt hat, liegt meiner festen Überzeugung nach in diesen Satelliten der Freiheit an den Rändern und seitlich der Kirche: an allen Benediktinern, Jesuiten, Salesianern und Franziskanerinnen und Barmherzigen Schwestern, die von der Hierarchie weniger beeinflusst sind und ebenso wie ein Großteil der Laien einfach weiterhin bei dem Versuch geblieben sind, nach dem Evangelium zu leben. Sie tun einfach nur ihre Arbeit und begrüßen hie und da einmal den vorbeikommenden Bischof. In unserer Franziskanergemeinschaft lässt sich ein halbes Jahr lang leben, ohne dass auch nur ein einziges Mal vom Bischof die Rede ist. Ich meine das nicht respektlos; seine Rolle interessiert uns schlicht nicht sonderlich. Er hat seine eigenen Fragen, die ihn beschäftigen, und wir haben die unsrigen. Genauso geht es den meisten Laien.

Aus der Meditation erwachsen *neue* Fragen, nicht aus Reaktion, nicht aus Rebellion, nicht aus Opposition gegen die Religion oder die Kirche, ja überhaupt nicht aus irgendeiner negativen Grundhaltung heraus. Irgendwelche oppositionelle oder negative Energie zu entwickeln bedeutet eine Vergeudung des Lebens und führt rasch zu einer neuen Form der Rechthaberei, die das Ende jeden kontemplativen Lebens bewirkt.

Wir müssen eher Fragen stellen als mit Antworten aufzuwarten; wir müssen einfach handeln, statt Rollen oder Ämter zu suchen, die unser Handeln legitimieren. Diese Kirchenreform erfordert „mündige Christen". Sie reagieren nicht, treten nicht aus der Kirche aus und gründen auch keine neue Gruppe, denn all das würde sie in unwahres dualistisches Denken führen und sie zwingen, ihre Zeit mit Beweisen zu vergeuden, dass die bisherige Gruppe völlig falsch liegt und die neue richtig. Wir wollen unsere historische Konfession und Tradition nicht aufgeben, sondern dankbar dafür sein, was sie uns gegeben haben. Zugleich wollen wir aber auch in Gebetsgruppen mitwirken, in Aktionsgruppen, Hilfsgruppen, Missionsgruppen und Meditationsgruppen. Bei dieser kreativen, positiven und hoffnungsvollen Art der Kirchenerneuerung geht es nicht mehr ums Rechthaben, sondern um die eigene Verwandlung und die Verwandlung unserer leidenden Welt.

Franziskus wusste, dass sich die Kirche nicht durch verbale oder theoretische Angriffe reformieren lässt. Er näherte sich der Kirche stattdessen von unten und von der Seite her – und vom Positiven. Er lebte auf andere und attraktivere Weise. Er entwickelte keine oppositionelle Energie. Außerhalb der Stadtmauern baute er kleine Kirchen wieder auf. Die Betonung der positiven Energie liegt auch einem der wichtigsten Grundsätze unseres Zentrums für Aktion und Kontemplation in New Mexico zugrunde: „Die beste Kritik am Schlechten ist die Praxis des Besseren."

Ein kontemplativer Standpunkt

Woran liegt es, dass Menschen so lieblos miteinander umgehen? Was lässt Menschen so bösartig werden, dass sie andere verletzen wollen, oft auf sehr subtile Weise? Je kleinkarierter und unnötiger das ist, desto verwunderlicher erscheint es. Warum fällt es den Menschen so viel leichter, sich statt in Frohmachendes in Probleme, Negatives und Vorwürfe hineinzusteigern? Petrus, das Symbol der Kirche, geht am Ostermorgen in das leere Grab, er sieht nichts und schweigt (Johannes 20,6-10). Seine Furcht unterdrückt jeglichen Ausdruck der Freude oder der Hoffnung. Am Ende dieser Stelle heißt es, die Jünger seien wieder heimgegangen – ich vermute, heim in ihre Niedergeschlagenheit.

Selbst in dem, was sie am dringendsten wollen, machen Menschen es sich schwer oder verstellen sich völlig den Weg. Die „Ursünde" bzw. Urwunde muss mit dieser seltsamen Blockierung zu tun haben. Wir sind uns selbst die schlimmsten Feinde. Nicht nur, dass wir mit unseren Schmerzen und unverarbeiteten Ängsten auf andere losgehen, nein, wir fressen sie auch in uns selbst hinein. Damit sperren wir uns regelmäßig gegen die Auferstehung und fragen uns dann auch noch, warum wir so unglücklich sind. Vielleicht müssen wir einfach einmal hören, wie tief und verborgen dieses Problem sitzt und *dass es einen anderen Weg der Lösung gibt.*

Bösartige Einstellungen und Hassgefühle erscheinen in mancher Hinsicht hilfreich. Jede negative Haltung wirkt sich vielfältig auf scheinbar positive Weise aus. Rasch schweißt sie Gruppen auf der Grundlage der Angst zusammen – viel schneller als die Liebe –, und zwar vor allem dann, wenn man seine eigenen Ängste nicht erkennt oder zugibt. Angst ist ein gut versteckter, verdrängter und verkleideter Dämon. Vielleicht deshalb wurde sie in der Tradition erst als letzte Hauptsünde benannt. Erst das Enneagramm hat sie als die vermutliche Kapitalsünde der Hälfte der Menschheit entlarvt.

Angst vereint auch sehr schnell die verstreuten Einzelteile des eigenen falschen Selbst. *Das Ego bewegt sich mittels Widerspruch, Selbstschutz und Verweigerung vorwärts.* Traurigerweise schenkt der Widerspruch Konzentration, Zweck, Richtung, Überlegenheit und eine merkwürdige Art von Sicherheit. Er nimmt die ziellose Angst, deckt sie zu und versucht sie in Zielgerichtetheit und Dringlichkeit umzuformen. Das äußert sich in einer Art von Antriebskraft. Doch diese Antriebskraft ist nicht friedvoll und nicht glücklich, sondern gesättigt von Ichsucht. Die Antriebskraft hat zahlreiche Programme und immer befinden sich die Probleme „da draußen", nie „hier drinnen".

Die Seele hingegen kommt nicht mittels Widerspruch voran, sondern durch Ausweitung. Sie bewegt sich nicht durch Ausschließen fort, sondern durch Einschließen. Sie sieht alles mit Tiefe und Weite, sagt zu allem, was ihr begegnet, statt „Nein" lieber „Ja", zumindest auf einer bestimmten Ebene. Marias „Ja" kommt uns nicht leicht über die Lippen. Es setzt immer voraus, dass wir einige unserer Ego-Schranken fallen lassen, und das tut keiner von uns gern.

Wenn von uns ein „Ja" verlangt wird, weckt das gewöhnlich Widerstand in Form eines Anfalls von Angst, von Ausreden, Scheingründen oder Fragen. Wir müssen lernen, unsere eigenen Muster und die genaue Form unserer Angst zu durchschauen. „Wie heißt du?", fragt Jesus den Dämon von Gerasa (Lukas 8,30). Einen Dämon können wir erst austreiben, wenn wir sozusagen seinen „Namen" kennen und er sich zeigt. In heutiger psychologischer Terminologie: Erst wenn der „Dämon" sein Versteck im Unbewussten verlassen hat und man ihn bewusst und ohne Abwehrhaltung ansieht, verliert er seine Macht. Manche bezeichnen das als „Arbeit am Schatten".

Widerspruch ermöglicht es, andere Menschen - zumindest gedanklich - auszuschalten, abzuschreiben, auszuschließen und zu quälen und sie damit sozusagen auszutreiben. Das bewirkt sofort das Gefühl, die Lage im Griff und eine Reihe sicherer Grenzen zu haben, sogar gottgefälliger Grenzen, wie sie der Pharisäer anspricht: „Gott, ich danke dir, dass ich nicht wie die anderen Menschen bin, die Räuber, Betrüger, Ehebrecher oder auch wie dieser Zöllner dort" (Lukas 18,11). Hass oder Engherzigkeit verleiht ein Gefühl der Überlegenheit, selbst wenn überhaupt keine Überlegenheit vorhanden ist, wie Jesus in dieser Beispielgeschichte zeigt. Es scheint, dass wir schneller eine negative Identität finden können, als gänzlich ohne Identität auszukommen.

Ein Großteil der Menschen kann und will sich nicht nach innen wenden, solange niemand sie auf diesen inneren Wegen an der Hand nimmt und begleitet. Wenn sie doch nur wüssten, *„Wem"* sie dort begegnen, und sprechen könnten: „Mein tiefstes Ich ist Gott!" Ohne eine solche Begleitung bleiben die meisten an der Oberfläche ihres Lebens. Dort ist Engherzigkeit die beste Grenze und wehrt Beeinträchtigungen durch andere ab. Mit einer Begleitung aber können sie buchstäblich „ihre Seele finden" und den Einen, der voller Liebe in ihr wohnt.

Hass ist das verkehrte Mittel gegen Zweifel und die diffusen Ängste, die sich aus der Hinfälligkeit des menschlichen Daseins ergeben. Warum aber ist die Konzentration auf etwas Negatives so wirksam? Sie nimmt die existenzielle Angst, indem sie zu einem zwar *falschen* Standpunkt führt, der jedoch ein Gefühl der Überlegenheit und Kontrolle verleiht. Hass ist eindeutig; er verhindert Zwiespältigkeit, die der Mensch grundsätzlich ablehnt. Hass ist vermutlich viel weiter verbreitet als die Liebe und wirkt auch, als sei er viel effizienter. Der Hass hält die Welt viel besser am Laufen als die Liebe. Man braucht bloß einen Blick in die Morgenzeitung eines beliebigen Landes zu werfen: Fast ausschließlich geht es darum, wer wen hasst, angreift, anklagt, bestiehlt oder bloßstellt. *Only bad news are good news.*

Die Lösung dieses zentralen und wesentlichen Problems ist meiner Überzeugung nach der eigentliche Sinn der Botschaft des auferstandenen Christus. Wir können uns nur von uns selbst und voneinander erlösen, indem wir uns zunächst von unserem Bedürfnis nach Angst und Hass erlösen. Das negative Muster sitzt so tief in uns, dass wir sogar die Religion dazu verwenden, unser Bedürfnis nach Angst und Hass zu kaschieren. Vorgebliche Liebe zu Gott oder zum Staat ist die raffinierteste Verkleidung des Bösen. Sie nimmt alle inneren Ängste, man kann sein positives Selbstbild und sogar eine Art von moralischer Überlegenheit aufrecht erhalten, obwohl man innerlich „voller Knochen, Schmutz und Verwesung" ist (Matthäus 23,27), wie Jesus sagt.

Jesus hat das allgemeine Phänomen des Hasses und der Angst-Hass-Religion offengelegt. Das war der Grund für seine Kreuzigung. Wie tief dieses negative Muster verwurzelt ist, zeigt sich auch daran, dass Jesus mehrfach betont, der wahre „Herrscher der Welt" sei Satan (Johannes 14,30). Liebe ist der total erleuchtete, völlig unsinnige Ausweg aus diesem Programm. Um jedoch bis zur Liebe vorzustoßen und sie empfangen und genießen zu können, müssen wir zuerst unserer Fähigkeit zu Angst und Hass ins Gesicht sehen. Um den negativen Raum versammeln wir uns rasch, in die Liebe dagegen „fallen“ wir ziemlich langsam und nur, nachdem wir uns lange in die Kunst, uns richtig fallen zu lassen, eingeübt haben.

Der gekreuzigte Jesus

Das Evangelium stellt dieses tief in der Weltgeschichte verwurzelte Dilemma in einer kathartischen Geschichte vor Augen, in der ein bestimmter Mensch mit einer erleuchteten Reaktion das in uns allen angelegte Muster des Negativen löst. Jesus nimmt es auf sich, sich vom religiösen und sozialen Urteil des Hasses seiner Gesellschaft treffen zu lassen. Der französische Literaturwissenschaftler, Kulturanthropologe und Religionsphilosoph René Girard bezeichnet das als „die negative Einhelligkeit bezüglich eines Einzigen.“ Gebräuchlicher ist die Bezeichnung „Sündenbock“-Mentalität. Im Evangelium wird deutlich betont, dass Jesus sowohl von der Kirche als auch vom Staat – von Kaiphas *und* von Pilatus, von Jerusalem *und* Rom – zum Tod verurteilt wird. Beide großen Machtsysteme erklären, er sei unwürdig, gefährlich und ein Sünder. Über den Einen, von dem wir glauben, er sei der vollkommenste Mensch, der je gelebt hat, wird von den höchsten Ebenen der Macht geurteilt, *er* sei in Wirklichkeit das Problem! Die Passionsberichte im Neuen Testament zeigen überaus deutlich, wie falsch Macht und Autorität und wie unzutreffend ihre Filter sein können. Das lässt die große Nähe der meisten besonders frommen Menschen zu Autorität und der Hierarchie merkwürdig und schwer verständlich erscheinen.

Jesus nimmt die Konsequenzen des Hasses öffentlich auf sich, aber auf eine völlig neue Weise: Er vergibt und lässt los. Das nennen wir schließlich „Auferstehung“, nicht nur für ihn, sondern für die gesamte Weltgeschichte. Damit ist eine neue mögliche Verlaufsgeschichte eingerichtet. Jesus verwandelt das Muster des Negativen und erschafft für uns die Möglichkeit, sogar noch die schlimmsten Dinge auf neue Weise zu sehen. Man könnte sagen: Das Allerschlimmste, der „Gottesmord", wurde zum Allerbesten, nämlich zur Erlösung der Welt. Seit 2000 Jahren ist Jesus die verblüffendste Ikone eines möglichen neuen Programms geblieben. Sein Tod hat wie nie zuvor die Lüge und das Problem offengelegt. *Jesus hat nicht die Einstellung des Vaters gegenüber uns verändert, sondern unsere Einstellung gegenüber dem Vater – und damit auch unsere Einstellung gegenüber unseren Mitmenschen.* Wenn Gott oder Jesus nicht gehässig, gewalttätig, strafend, peinigend oder rachsüchtig ist, dann ist auch uns jede Entschuldigung dafür genommen. (Falls dagegen Gott strafend und peinigend ist – wie wir ihn oft wahrgenommen haben –, dann fühlen natürlich auch wir uns berechtigt, so zu sein.)

Der Weg Jesu hat zwei wichtige Tatsachen gelehrt: Das Leben kann einen positiven Verlauf nehmen und Gott ist ganz anders und viel besser, als wir gemeint haben. Jesus hat keine distanzierten Lehrbuchantworten gegeben, sondern er hat persönlich den Prozess durchgemacht, sowohl Verwerfung als auch Vergebung zu erfahren, und dann gesagt: *„Folge mir nach."* Dieser grundlegende Zusammenhang lässt sich nicht theoretisch oder in einer theologischen Aussage begreifen. Der Mensch muss vielmehr die eigene Erfahrung machen, selbst in der Lage des Verworfenseins zu sein und lebendiger als zuvor aus ihr hervorzugehen.

In der Meditation können wir diese Zusammenhänge erkennen und manchmal müssen wir schon weinen, ehe wir nach ihnen handeln – oder sie an uns handeln lassen. Wir brauchen eine „praktische Praxis", denn eine bloße Sammlung interessanter Vorstellungen werden wir bald wieder vergessen und ohne Praxis kommt es zu keiner wirklichen Verwandlung der Einzelnen und unserer Gesellschaft.

Hinter dem Hass steckt oft der Wunsch, alles unter Kontrolle zu behalten. Kontrolle befreit jedoch nicht von der Angst, denn selbst Kontrollbesessene fürchten gewöhnlich, etwas zu verlieren. Wenn wir in uns gehen, erkennen wir, dass es in jedem Menschen sowohl einen Rebellen als auch einen Diktator gibt, also die beiden unterschiedlichen Enden ein und desselben Kontrollspektrums. Fast immer ist es Angst, die unsere reflexartige Rebellion oder unser Herrschaftsbedürfnis hervorruft. Diese Angst ist jedoch schwer zu erkennen, denn unser vordringliches Bemühen richtet sich darauf, die Situation in den Griff zu bekommen – durch Rebellion oder Herrschaft. Beide Vorgehensweisen entstammen häufig einer bloßen Ego-Einstellung und beide sind nicht frei von Angst, nämlich der Angst, die Kontrolle oder Macht zu verlieren.

„Der Satan tarnt sich als Engel des Lichts. Es ist also nicht erstaunlich, wenn sich auch seine Handlanger als Diener der Gerechtigkeit tarnen", heißt es bei Paulus (2. Korinther 11,14-15). Um das Tarnen durch Gerechtigkeit geht es häufig. Alles soll vernünftig wirken, klug, dem gesunden Menschenverstand entsprechend und intelligent, also so, dass es dem Anspruch der Sozialordnung, der Moral, der Religion, des Gehorsams oder sogar der Gerechtigkeit oder der Spiritualität entspricht. Gewöhnlich funktioniert das: Wir müssen unsere Angst bloß in ein hübsches Kleid hüllen und schon brauchen wir uns nicht mehr der Tatsache zu stellen, dass wir Angst haben, etwas zu verlieren. Um den Verlust wessen aber sorgen wir uns? Diese Frage wird beantwortet in der sogenannten „Unterscheidung der Geister", die als eines der wichtigen notwendigen Charismen für den Aufbau des Leibes Christi aufgezählt wird (1. Korinther 12,10). Die Unterscheidung der Geister steht – außer bei den Jesuiten – selten im Mittelpunkt. Stattdessen war und ist man weithin der Meinung, dass das Gesetz und der Gesetzesgehorsam alle spirituellen Probleme lösen könnten. Eines Tages wird man in der Kirche erkennen, dass man spirituelle Dinge nicht juristisch angehen kann. Von diesem Thema handeln der Römer- und der Galaterbrief. Auf die Geschichte der katholischen Kirche haben sich diese beiden Texte jedoch kaum ausgewirkt.

Die Unterscheidung der Geister ist notwendig, um den Unterschied zu erkennen zwischen dem, was sich vordergründig abspielt oder vermutlich abspielt, und dem, was wirklich abläuft. Wir können beispielsweise in einer Sache „Gerechtigkeit“ fordern, doch in Wirklichkeit meinen wir damit nichts anderes als Rache oder Vergeltung. Das Wort „Gerechtigkeit“ klingt jedoch viel besser. Ein derartiger Missbrauch von Worten findet sich in nahezu jeder Nachrichtensendung. Bei der Kaschierung von Rache durch den Begriff „Gerechtigkeit“ ist das innere Bedürfnis, andere zu bestrafen oder sie zu verletzen, anscheinend überhaupt nicht in den Blick gekommen, ja wurde vermutlich gar nicht erkannt. Dabei ist doch offensichtlich: Wenn uns jemand Angst gemacht hat, wollen wir ihn das spüren lassen oder ihn zumindest auf irgendeine Weise kleiner machen.

Jesus selbst lehrt und veranschaulicht das Charisma der Unterscheidung der Geister in den vielsagenden Schilderungen seiner Versuchungen in der Wüste (Matthäus 4,1-11). Er muss sich seinem eigenen Potenzial für das Böse, die Selbstsucht und die Macht stellen, bevor er es anderen austreiben kann. Wenn wir die Dämonen in uns selbst leugnen, werden wir nie ein guter Heiler oder „Exorzist“. Wir werden dann fast immer *das auf andere projizieren, was wir in uns selbst nicht sehen wollen.* Die Lehre Jesu über den Splitter im Auge des Nächsten und den Balken im eigenen Auge benennt den gleichen Sachverhalt (Matthäus 7,1-5). Jesus hatte ein scharfes psychologisches Gespür oder besser: Er war in Kontakt mit der universalen Weisheit.

Splitter und Balken werden sichtbar, wenn wir uns morgens und abends einfach 20 Minuten lang still hinsetzen. Wir sollten keine Ekstase erwarten, diese 20 Minuten sind immer eine Zeit des Sterbens! Erst wenn wir das Loslassen lernen, wird Meditation überhaupt möglich. Solange wir nicht loslassen, bleiben wir in unseren Meinungen verhaftet und verhärten unsere Rechtschaffenheit. Jede kontemplative Praxis ist ein tägliches Sichzurückziehen vor Projektionen, Verdrängungen und Beeinflussungen. Sie bleibt ein endloses Schattenboxen, immer ist sie harte Arbeit. Der buddhistische Lehrer Jack Kornfield formuliert: Auf den gelegentlichen Augenblick des Einsseins oder der Erleuchtung folgt immer wieder das gewöhnliche „nach der Erleuchtung Wäsche waschen und Kartoffeln schälen" (so lautet der Titel seines Buchs zu diesem Thema, München 2010).

Solange ein Mensch in seinem eigenen kleinen Ego, in seinem kleinen Selbst gefangen sitzt, hat er Angst und ist deswegen auf irgendeine Art von Kontrolle aus. Wer niemandem zutiefst vertrauen kann, wird notwendigerweise zum Kontrollbesessenen. Deswegen versucht eine gute Religion, die Menschen von ihrem kleinen und zerbrechlichen Selbst zu befreien und sie mit jemandem bekannt zu machen, dem sie vertrauen können. Nur wer einem solchen Jemand vertraut, kann so weit kommen, dass er nicht alle Absicherungsmuster anwenden und nicht alle Probleme selbst lösen muss. *Er wird dann geführt.*

Wir müssen nicht alle unsere Fehler erklären oder uns für alles verantwortlich erklären, was nicht zu ändern ist. Schließlich sind wir Teil des allgemeinen Tanzes. Wie anders könnte der Friede einziehen? Solange wir meinen, wir müssten alles selbst in Ordnung bringen, alles im Griff haben und alles erklären und verstehen, werden wir keinen Frieden finden. Das Enneagramm zeigt, dass „Angstmenschen“ „Kopfmenschen“ sind. Wer nur im Denken ist, ist nie im Frieden, und wer im Frieden ist, ist nie nur in seinen Gedanken, sondern in einem viel umfassenderen „vereinten Feld“.

Der Sündenbock-Mechanismus

Ängste und Hassgefühle zu leugnen und zugleich auf andere zu projizieren wird „Sündenbock-Mechanismus“ genannt. Das Sündenbock-Ritual – wir würden heute eher von einem rituellen Bekenntnis sprechen – wird in 3. Mose 16 ausführlich beschrieben. Am Versöhnungstag legte der Hohepriester alle Sünden des Volkes aus dem vergangenen Jahr auf einen ausgewählten Ziegenbock und diesen trieb das Volk mit Schilfrohrschlägen in die Wüste hinaus.

Die Formulierung „jemanden zum Sündenbock machen“ deutet darauf hin, dass es im zwischenmenschlichen Bereich diesen rituellen Prozess noch heute gibt. Der Sündenbock-Mechanismus ist fast vollständig im Unbewussten verborgen; er entstammt unserem verdrängten, jedoch echten Bedürfnis, unsere Angst anderswohin zu projizieren. Leider gibt es aber in der spirituellen Welt kein „Anderswo“. *Bei der Meditation weigern wir uns, unsere Ängste anderswohin zu projizieren, und lernen, sie in uns selbst und in Gott stehen zu lassen und uns ihnen zu stellen.*

Der Name „Satan“ bedeutet „Ankläger“. Der anklagende Geist in uns selbst ist uns nur allzu vertraut. Schon bei den ersten Anzeichen von Angst regen sich negative Gedanken, die wir fast immer auf andere projizieren; wir klagen an. Diese menschliche Eigenart ist ein wesentliches

Hindernis auf dem spirituellen Weg. *Im spirituellen Leben sind immer wir selbst unser Hauptproblem, nicht die anderen, die wir anklagen.* Es ist ein Zeichen der Verwandlung, wenn ein Mensch sich dem oft schmerzlichen Paradox seines Daseins so stellen kann, wie Jesus sich ihm am Kreuz gestellt hat. Ich möchte den Satz „Gott sandte seinen Sohn in der Gestalt des Fleisches, das unter der Macht der Sünde steht, zur Sühne für die Sünde, um an seinem Fleisch die Sünde zu verurteilen" (Römer 8,3) umformulieren: „Jesus wurde zum Problem, um das Problem zu überwinden." Jesus projizierte Probleme nicht auf irgendeine andere Gruppe, Rasse oder Religion, nicht auf die Homosexuellen oder Befürworter der Abtreibung; er hielt Probleme aus, durchlitt sie und verwandelte sie so zu einer der wichtigsten Medizinen für die Welt. Dieses erlösende Muster wird zuweilen als „dritter Weg" oder als das „Paschageheimnis" bezeichnet. Wer die Berufung spürt, sich für die Rechte Homosexueller zu engagieren oder sich für eine Pro-Leben-Welt einzusetzen, muss sich erst seinen eigenen Ängsten, Vorurteilen und Wutgefühlen stellen, die er bei diesen Themen empfindet, bevor er segensreich wirken kann. Sonst wird er selbst eher zum Teil des Problems als zum Helfer.

Jesus hat vorsätzlich und bewusst den Schmerz der Welt ausgehalten und sich geweigert, ihn anderswohin zu schicken. Das ist die Bedeutung des verwundeten Leibs Jesu. *Diese Wunden waren nicht notwendig, um Gott davon zu überzeugen, dass wir liebenswert sind; diese Wunden sollen* uns *vom Weg und Preis der Verwandlung überzeugen.* Diese Wunden widerfahren auch uns, wenn wir uns mit Mitgefühl der Sünde stellen und sie aushalten, statt sie im Hass anderswohin zu projizieren. Der verwundete Leib Jesu ist ein Abbild dessen, was wir alle einander und der Welt antun. Der auferstandene Leib Jesu ist ein Abbild von Gottes

Reaktion auf unsere Kreuzigungen. Diese beiden Bilder enthalten die gesamte Botschaft des Evangeliums.

Jesus erklärt sich damit einverstanden, der Verwundete zu sein; Christen glauben an einen verwundeten Heiler. Sollte ich der christlichen Religion einen Namen geben, würde ich sie den „Weg der Wunde“ nennen. Wir kommen zu Gott nicht dank unserer Stärke, sondern dank unserer Schwäche. Wir gelangen nicht zur Weisheit und kommen nicht zu Gott, indem wir alles richtig machen, sondern fast genauso sehr dadurch, dass wir fast alles falsch machen. Jesus ist zuerst Opfer und erst dann Sieger. Auf einer gewissen Ebene verhält sich das bei uns ebenso.

Welcher Religionsgründer käme auf die Idee, als zentrales religiöses Motiv einen nackten, blutenden, verwundeten Menschen zu wählen? Das ist das am wenigsten wahrscheinliche Bild für Gott, die unlogischste Abbildung des Allmächtigen. Die Tatsache, dass Gott in dieser Form und auf diese Weise in die Welt kommt, muss ein für ihn zentrales Thema ansprechen. Wir Christen haben uns inzwischen jedoch so sehr daran gewöhnt und den Gekreuzigten zu stark domestiziert, um überhaupt noch Schock und Skandal zu empfinden.

Der Sündenbock-Mechanismus funktioniert so gut, dass vermutlich gar kein Grund für die Annahme besteht, er werde sich einmal ändern oder gänzlich enden. Ohne die Erleuchtung durch die Gnade kommt diese Möglichkeit gar nicht in den Blick.

„Ein unreiner Geist, der einen Menschen verlassen hat, ... sucht einen Ort, wo er bleiben kann. Wenn er aber keinen findet, dann sagt er: Ich will in mein Haus zurückkehren, das ich verlassen habe“ (Matthäus 12,43-44). Mit dieser Aussage ist das unbewusste Muster der Projektion nahezu perfekt beschrieben. Statt dass wir unsere Selbstzweifel und unseren Selbsthass heimkommen und vor sich hindämmern lassen, sorgen wir dafür, dass er woanders einen Ort findet, wo er bleiben kann. Erst wenn wir das Muster der Projektion durchschauen und beenden, enden auch seine unsäglichen Folgen. Dazu gehört jedoch, dass wir den unreinen Geist sozusagen wieder „in unser Haus zurückkehren" lassen.

Nur das große Selbst, das wahre Selbst, das Gott-Selbst, kann solche Angst ertragen. Das kleine Selbst ist dazu nicht in der Lage. Menschen, die nicht zutiefst beten, können das Evangelium nicht leben, denn das Selbst ist nicht stark genug, um diese Angst und Furcht auszuhalten. *Wenn wir unser Leiden nicht verwandeln, geben wir es immer wieder weiter.* Wenn wir nicht selbst recht zu leiden verstehen, muss immer irgendjemand anderer leiden. Jesus ist gekommen, um uns zu zeigen, wie man leidet, wie man „den legitimen Schmerz des Menschseins" trägt, wie C.G. Jung formuliert. Schon beim ersten Anflug von Anklage ist Misstrauen angebracht. Anklagen sind ein Zeichen dafür, dass wir vor uns selbst und unserem eigenen legitimen Leiden davonlaufen.

Hass hat die Tendenz, immer höhere Formen der Verfeinerung und immer subtilere Formen der Verkleidung auszubilden: Feministinnen können Männer hassen, Liberale Konservative, Aktivisten können Reiche hassen, Leute aus gutbürgerlichen Familien Homosexuelle und Opfer können Täter hassen. Die meisten Menschen gleichen Elektroleitungen; was am einen Ende an Elektrizität eingespeist wird, kommt am anderen Ende wieder heraus. Sie geben die gleiche Energie weiter, die man ihnen zugeführt hat. Doch es gibt Ausnahmen, nämlich Transformatoren. Sie verwandeln große und gefährliche Stromspannungen in etwas Hilfreiches und Produktives.

Jesus war Transformator, ein Verwandler: Er hing am Kreuz und gab die Energie, die auf ihn eindrang, nicht in genau der gleichen Form wieder ab. Er speicherte sie in sich und machte aus ihr etwas viel Besseres, das heute in der Welt fließt. Jesus schenkt neuen und reinen Strom. Er bezahlt nicht irgendeinen Preis an Gott, als müsse Gott dazu überredet werden, seine Schöpfung zu lieben. Jesus zahlt der Seele einen Preis – damit wir sehen können! Auf diese Art nahm er „die Sünde der Welt hinweg". Jesus hat sich geweigert, die Sünde weiterzugeben! Solange die Welt das nicht versteht, wird es keine neue Welt geben.

Dominikaner und Franziskaner

Im 13. Jahrhundert waren die Franziskaner und die Dominikaner sozusagen der Debattierklub der Kirche. Damals durften sie Minderheitenansichten vertreten. In den großen Diskussionen an den Universitäten von Paris, Köln und Oxford nahmen die beiden Orden unvermeidlich gegensätzliche Positionen ein, aber in jener Zeit wurde keine der beiden Auffassungen aus der Kirche verbannt. Eine der Debatten drehte sich um die bekannte und einflussreiche Schrift des heiligen Anselm von Canterbury *Cur Deus Homo?* („Warum wurde Gott Mensch?").

Der heilige Thomas von Aquin und die Dominikaner hielten sich an die Heilige Schrift und viele von ihnen nahmen offenbar an, eine unerbittliche Instanz habe ein Lösepreis verlangt und deshalb habe Gott Sühne leisten müssen. Dieser Vorstellung liegen die Metaphern des jüdischen Tempels von Opfer, Preis und Versöhnung zugrunde. Der franziskanischer Lehrer Johannes Duns Scotus, der den theologischen Lehrstuhl in Oxford errichtet hatte, vertrat hingegen die Position, Jesus habe keinerlei Probleme mit Gott klären müssen. Nach seiner Überzeugung hat *Jesus nicht Gottes Einstellung zu uns geändert, sondern viel-*

mehr unsere *Einstellung Gott gegenüber.* Scotus argumentierte viel stärker von der Vorstellung des Kolosser- und Epheserbriefs vom präexistenten kosmischen Christus her. Danach ist Jesus „das Bild des unsichtbaren Gottes", der in der Geschichte zu einem bestimmten Zeitpunkt aufgetreten ist, sodass wir in der Lage sind, „auf den zu blicken, den wir durchbohrt haben", und Gottes bedingungslose Liebe zu sehen. Dabei gehen uns zugleich die Augen dafür auf, was wir Menschen fast allem antun. In unserem Blick auf den Gekreuzigten bezeugen wir Gott und Jesu bedingungslose Liebesreaktion.

Das Bild vom Kreuz sollte nicht Gott ändern, sondern *uns.* So kam Scotus zu dem Schluss, dass die Inkarnation und der Tod Jesu gar nicht grundsätzlich notwendig gewesen seien: Nach seiner Überzeugung ist Jesus ein reines Geschenk gewesen und der Bereich des Geschenks ist viel besser als der Bereich der Notwendigkeit. Wir sind nicht wegen irgendeines Problems erlöst worden oder um dem Teufel oder Gott irgendeine Schuld abzuzahlen, sondern einfach nur deshalb, um der Seele die göttliche Liebe zu offenbaren. Wie üblich hatten die Franziskaner Recht, aber leider verloren sie in der Diskussion und von den meisten Katholiken und Protestanten wird bis heute die Mainstream-Position der Dominikaner verfochten. Man könnte diese Position als „das unglücklichste erfolgreiche Stück christlicher Theologie, das je geschrieben wurde" bezeichnen, denn sie impliziert, dass Gott nicht von Natur aus und bedingungslos in das verliebt ist, was er selbst geschaffen hat.

Unser Charisma finden

„Nacht ist unsere Diözese, Schweigen unser geistliches Amt,
Armsein unser Liebesdienst und Ohnmacht
unsere wortlose Predigt.
Außer Reichweite von Sicht und Laut siedeln wir
auf nichts als Luft,
Suchen der Welt Gewinn in einer undenkbaren Erfahrung.
Verbannt ans äußerste Ende der Einsamkeit,
leben wir und lauschen
Mit Herzen, auf Himmel ausgerichtet, die wir
nicht zu verstehen vermögen.
Aufgestellt wie Wachtposten an den Grenzen der Welt,
Warten wir auf die ersten von fern her ertönenden Trommeln
Christi des Siegers."
Thomas Merton

Beim Lesen dieses Abschnitts aus Thomas Mertons Gedicht „The Quickening of St. John the Baptist" (hier in der Übersetzung von Georg Tepe, 1980) denke ich an Menschen, die meditieren. Ich denke an das, was christliche Kontemplative auf sich genommen haben, „aufgestellt wie Wachtposten an den Grenzen der Welt", die mit ihrem Tun keine Stadien füllen. Täglich morgens und abends zu meditieren heißt, sich für eine Berufung zu entscheiden und ihr zu folgen. Diese Berufung versetzt ins Zentrum der Weltgeschichte und zugleich auch an deren Rand, denn die meisten Menschen halten einen Meditierenden für unbedarft, fromm oder womöglich sogar selbstzentriert. Diese Armut könnte Ausdruck unserer tiefsten Liebe sein, scheint Merton zu sagen. Die meisten Menschen werden nicht wissen, dass der

Meditierende alles zusammenhält, dass er der mikrokosmische Moment ist, der irgendwie „die ersten von fern her ertönenden Trommeln Christi des Siegers" hört, sie wiedergibt, zulässt und davon weitererzählt.

Die vorhergehenden Kapitel handeln vom festen Standpunkt, den man braucht, vom wahren Selbst, dem integrierten Selbst, von der großen Vision und dem großen Bild, das wir zusammenzuhalten versuchen. Im Folgenden will ich näher auf den bzw. die Hebel eingehen; ich glaube, dass es mehrere gibt. Paulus spricht von den vielfältigen Gaben in dem einen großen trinitarischen Fließen: „Es gibt verschiedene Gnadengaben, aber nur den einen Geist. Es gibt verschiedene Dienste, aber nur den einen Herrn. Es gibt verschiedene Kräfte, die wirken, aber nur den einen Gott. Er bewirkt alles in allen" (1. Korinther 12,4-6). Paulus sieht uns geradezu als „vierte Präsenz" in der Heiligen Dreifaltigkeit, die in den göttlichen Tanz hinein, der Gott ist, mit eingeladen ist.

Die eigentliche Aufgabe der Kirche sollte meiner Überzeugung nach darin bestehen, die Gaben, die es im Gottesvolk für die Welt gibt, genau zu unterscheiden und zu bestärken. Das würde der Stufe zwei auf dem Weg der Spiritualität entsprechen, also dem Weg der Erleuchtung, und uns über das endlose Moralisieren von Stufe eins, des Wegs der Reinigung, hinausführen. Solches Unterscheiden findet sich jedoch sogar in Priesterseminaren und Kirchenbehörden nur selten. Allzu oft geht es dort um bloßes Karrieredenken oder um das Schließen von Lücken, statt um aktives betendes Unterscheiden. Es wird nicht gefragt, ob jemand tatsächlich eine Gabe hat, zum Beispiel zum Leiten, Versöhnen, Heilen, Predigen, Verwalten oder Beraten. Diese „freien Gaben" – im Gegensatz zu Ämtern, Rollen oder Arbeiten, für die jemand lediglich geschult wird – nennt Paulus „Charismen" (vgl. 1. Korinther 12-13).

Die meisten Priester müssen sich erst nach ihrer Weihe überlegen, ob sie irgendein Charisma haben. Wie viele von ihnen werden losgeschickt, um die Menschen zum Glauben, zur Hoffnung und zur Liebe anzuhalten, haben aber noch nie erlebt, wie sie diese Aufgabe überhaupt bewältigen können. (Ich war ein schüchterner junger Ordensmann und hätte mir auch in meinen kühnsten Träumen nicht vorgestellt, dass man mir einmal zuhören oder meine Bücher lesen würde.) Wie peinlich ist das beispielsweise für diejenigen, die keine Begabung zum Predigen haben und trotzdem Woche für Woche vorne stehen und predigen müssen, oder für diejenigen, die keine Gabe der Weisheit oder zum Beraten oder Heilen haben, denen aber trotzdem Menschen ihr Leben anvertrauen. Der Versuch, die freien Gnadengaben Gottes durch Amt, Rolle, Titel, Kleidung und formelle Weihe zu ersetzen, hat unermesslichen Schaden angerichtet. Fehlt uns das Vertrauen, dass solche Gnadengaben geschenkt werden, und sehen wir sie deshalb auch dort nicht mehr, wo sie wirklich vorhanden sind, zum Beispiel bei Menschen anderer Konfession, bei nicht Ausgebildeten usw.? Man könnte sagen, dass wir versuchen, Gaben zu schaffen, wo keine sind, und vorhandene Gaben übersehen: „Er ist katholischer Bischof und daher automatisch ein guter Theologe. Sie ist eine evangelische Frau im Laienstand und kann deshalb unmöglich die Gabe der Heilung haben."

Die Geschichte des Jona in dem gleichnamigen biblischen Buch lässt sich folgendermaßen deuten: Gott weckt einen Menschen aus einem bloßen religiösen Job, einer Rolle oder einer Karriere und lässt ihn eine persönliche Berufung oder eine ganz eigene Bestimmung finden, also das, was ich weiter oben als sein „Umsetzsystem" bezeichnet habe. Dazu muss der Mensch zuerst von „einem großen Fisch verschlungen" werden, das heißt an einem finsteren Ort eingenistet und genährt werden, der es ihm normalerweise ermöglicht, in jene Tiefenregion zu gelangen, die man *persönliche Berufung* nennt. Der Mensch bewegt sich *weg davon, vom Ego getrieben zu sein, hin dazu, von der Seele gezogen zu werden.* Dabei ist eine ganz andere Energie am Werk. Sie fließt still und reichlich aus dem eigenen Inneren und der Mensch schaut nicht auf Bezahlung, Lohn oder Beförderung, denn er hat seine Seelengabe gefunden. Er muss einfach seiner Berufung folgen oder er ist nicht er selbst!

Ich bin schon vielen solchen Menschen begegnet und es macht immer Freude, mit ihnen zusammenzuarbeiten. Sie zählen nie die Kosten, sondern dienen einfach und wollen helfen, wie immer sie können. Bereits am Namen einer Laiengruppe der Benediktiner wird diese Einstellung deutlich: „Oblaten", das bedeutet wörtlich übersetzt „die Hergeschenkten". Wer auf andere zugeht und sein Leben kostenlos verschenkt, handelt anders als jemand, der auf eine Karriere aus ist oder auf irgendeine Art von Sicherheit oder Status oder Titel. Sogar die vatikanische Behörde für Bischöfe wagte es vor einigen Jahren zuzugeben, dass man sich Sorgen mache angesichts des um sich greifenden Karrierestrebens unter den weltweiten Bischöfen: Viele seien sehr darum bemüht, auf bessere und ansehnlichere Diözesen versetzt zu werden. Das erinnert an Jakobus und Johannes, die im Reich Gottes unbedingt direkt rechts und links neben Jesus sitzen wollen (vgl. Matthäus 20,20-28; Markus 10,35-45). Junge Menschen mögen nach Karriere, Status und Titel streben, so wie Jona am Beginn der Geschichte von seinem Ego gefangen ist. Er muss vom Schiff ins Meer geworfen werden, denn sonst würde er nie bis zum „richtigen" Ninive kommen.

Die Meditation soll uns zur Klarheit darüber führen, wer wir sind, vielleicht sogar noch mehr, *wer wir nicht sind.*

Es ist schwer, Menschen zu sagen, was *nicht* ihre Gabe ist. Das ist für die Betreffenden gewöhnlich ziemlich demütigend. Doch woher stammen solche Illusionen und Selbstermächtigungen überhaupt? Wir Menschen sehen nicht gern die Wahrheit und sagen sie einander nur ungern. Unsere Kultur ermutigt uns auch gar nicht dazu, den Weg in Richtung unseres wahren Selbst zu gehen. Folglich bewegt sich das falsche Selbst oft in Richtung unnötiger Fehlschläge und Demütigungen. Sehr deutlich zeigt sich das bei den zahlreichen Castingshows, bei denen sich junge Menschen um eine Karriere als Star bewerben. Es ist verblüffend, wie oft eine ungeheure *Gewissheit,* ein bestimmtes Talent zu haben, mit so viel *Fehlen* von wirklichem Talent einhergehen kann. Haben diese Menschen keine Freunde, die ihnen ehrlich zugetan sind und ihnen von vornherein die Wahrheit sagen?

Ich unterscheide drei grundsätzliche, gleichwertige Stufen des sozialen Dienstes:

1. Auf der ersten Stufe ziehen wir ertrinkende Menschen aus dem reißenden Fluss, kümmern uns also um das direkt vor uns liegende soziale Problem: Ein hungriger Mensch klopft an unsere Tür und wir geben ihm ein Butterbrot oder laden ihn sogar in unser Haus ein. Es handelt sich um eine ganz praktische soziale Dienstleistung, wie sie etwa die Suppenküchen erbringen. Solche Arbeit erscheint stets großherzig, christlich und karitativ. Sie wird allgemein anerkannt, wenn auch nicht immer nachgeahmt. Amerika beispielsweise steht auf der Liste der Industrieländer, die der übrigen Welt karitative Hilfe leisten, an vorletzter Stelle. Für diese erste Stufe ist in der Regel keine besondere Ausbildung erforderlich, sondern gewöhnlich einfach nur ein großzügiges Herz und die Bereitschaft, von seiner Zeit und oft auch seinem Geld etliches abzugeben.

2. Auf der zweiten Stufe sind die Dienste angesiedelt,

die Menschen dabei helfen, erst gar nicht in den reißenden Fluss zu fallen, oder sie dazu anleiten, ihr eigenes Boot zu bauen und richtig zu rudern. Es handelt sich im Allgemeinen um Dienstleistungen des Ausbildens und Heilens. Die meisten Ordensgemeinschaften haben während der letzten drei Jahrhunderte diese Richtung verfolgt, dabei jedoch manchmal die anderen beiden Stufen vernachlässigt. Auf die Aktivität von Orden gehen viele Grundschulen und Krankenhäuser, Universitäten und Technische Lehranstalten zurück. Dort werden Menschen Fertigkeiten und Überlebenstechniken vermittelt, die sie ermächtigen und ihnen Visionen und Möglichkeiten für ihr eigenes Leben und ihre eigene Würde eröffnen. Viele Ordensschwestern, die bislang im katholischen Schulsystem tätig waren, verlegen sich zunehmend auf andere Formen der Ausbildung, sehr oft in kleinen oder größeren sozialen Dienstleistungsorganisationen. Menschen, die sich auf dieser Stufe engagieren, finden weniger Beachtung und allgemeine Anerkennung, doch sie füllen viele Lücken, die den meisten gar nicht auffallen, und arbeiten gewiss im Sinn des Evangeliums. Sie müssen tief von ihrer Berufung überzeugt sein, denn die meisten von ihnen werden sehr schlecht bezahlt.

3. Die dritte Stufe umfasst Dienste des Bauens und Instandhaltens des Damms, der den Fluss grundsätzlich so abriegelt, dass möglichst niemand in ihm ertrinkt. Es geht darum, sich für soziale Gerechtigkeit einzusetzen, Systemkritik zu üben, Organisationen zu gründen und sich mit öffentlichen Aufrufen, Boykotten und Streiks, Protest und Widerstand gegen alle Formen organisierter Ungerechtigkeit und des Betrugs zu wenden. Diese Stufe erfordert den höchsten Grad an Ausbildung und Selbstvertrauen. Etwas erreichen kann hier nur, wer die Funktion des Systems und Möglichkeiten der Einflussnahme kennt. Dazu muss

er die Sprache der Insider sprechen und deren Manöver verstehen. Nur wenige Menschen verspüren die Berufung zu dieser Art von sozialem Dienst. Den meisten fehlt das Selbstvertrauen, Organisationstalent oder der für diese Arbeit notwendige Rückhalt.

Die dritte Stufe wird auch als „direkte Aktion" oder „aktive Interessenvertretung" bezeichnet. Wie die meisten Menschen fühle auch ich mich nicht zur direkten Aktion berufen, selbst wenn ich mich in der Vergangenheit an Protestveranstaltungen beteiligt habe. Ich sehe darin nicht dem besten Weg für mich, auf dem ich etwas Fruchtbares beitragen kann. In Washington und Cincinnati wurde ich mehrmals verhaftet und inhaftiert. Damit habe ich hoffentlich andere unterstützt, aber schließlich musste ich mir eingestehen, dass öffentlicher Protest nicht meiner Berufung entspricht. Es war demütigend, hier einen Schritt zurückzugehen, und ich verlor dadurch das Vertrauen und die Bewunderung etlicher Freunde und Unterstützer. Wenn wir zunehmend unser eigenes Seelengeschenk erkennen, müssen wir fast immer einige andere „Gaben" zurückstellen, um unser Hauptanliegen mit ganzer Kraft zu verfechten, statt uns von dem bestimmen zu lassen, was man als die „Tyrannei des Dringenden" bezeichnet. Das Getriebensein vom besonders Dringlichen führt zu einem Verlust an Einsatz aus der eigenen kontemplativen oder friedvollen Mitte heraus. Wir müssen uns in unserem Leben für ein oder zwei Anliegen aus ganzem Herzen einsetzen. Das ist alles, was Gott von uns erwartet, und alles, was wir vermutlich gut leisten können. *Wer zu viel Gutes auf einmal tun will, tut sich selbst und schließlich auch den Menschen in seiner Umgebung Gewalt an.*

Auf der dritten Stufe kann der soziale Dienst die Form von Protest, von öffentlichem und privatem Widerstand annehmen; immer ist er eine Störung des Status quo. Entscheidend ist, dass wir alle grundsätzlich etwas für den Rest der Welt tun sollten. Wir alle stehen in der Pflicht, etwas von dem zurückzuzahlen, was wir bekommen haben, insbesondere wenn wir in ein reiches und komfortabel ausgestattetes Land hineingeboren sind. Auch die anderen beiden Stufen des sozialen Diensts verdienen Achtung und Unterstützung, selbst wenn wir selbst nicht auf ihnen aktiv sein können. Vergleiche und Einteilungen in „besser" oder „schlechter", in „mehr engagiert" oder „weniger engagiert" sind Ego-Spielchen. Wir sollten unsere *unterschiedlichen* Gaben einsetzen, im gegenseitigen Dienen Einheit schaffen (vgl. Epheser 4,12) und einander ohne Kritik oder Konkurrenzdenken den Rücken stärken. Nur wenn wir uns im Frieden gegenseitig ehren, bringen wir die Herrlichkeit Gottes zum Leuchten. Keiner von uns ist ein Universalgenie! *Wenn der Einsatz für Gerechtigkeit nicht aus Nächstenliebe erfolgt, geht es nicht wirklich um Gerechtigkeit. Und wenn die Nächstenliebe nicht die Gerechtigkeit fördert, ist sie letztlich keine Nächstenliebe.*

Wer auf der dritten Stufe aktiv ist, macht sich nicht viele Freunde. Er muss darauf gefasst sein, auf dieser Stufe besonders heftig kritisiert zu werden, zuweilen sogar von Menschen auf den Stufen eins und zwei! Wir sind nicht daran gewöhnt, soziale Gerechtigkeit einzufordern. Bis in die 1960er Jahre hatte sich die Kirche derart stark mit dem Status quo arrangiert, dass die ersten prophetischen Stimmen gegen Rassismus und Ungerechtigkeit von ihrer Seite nicht viel Unterstützung, geschweige denn begeisterte Zustimmung fanden. Den meisten Christen war es nie in den Sinn gekommen, die Systeme dieser Welt infrage zu stellen. Stattdessen meinten sie, brave Bürger sein zu sollen. Das Wort „brav" kommt allerdings im ganzen Neuen Testament nirgends vor. Beim Evangelium geht es nicht ums Bravsein, sondern darum, aufrichtig und gerecht zu sein.

Beide Einstellungen sind in der Welt nicht sonderlich beliebt. Umso mehr ist es unsere Aufgabe, das Aufrichtigsein zu lernen, und zwar mit Liebe und Respekt.

Martin Luther King hat etwas Entscheidendes gelehrt: Bevor wir lauthals Gerechtigkeit einfordern, sollten wir in unserem Herzen sicherstellen, dass wir diejenigen, die anderer Meinung sind als wir, lieben und achten können. Das fällt insbesondere Menschen schwer, die seit Generationen unterdrückt worden sind. Eine echte Einstellung der Liebe und Achtung können wir nur durch Gebet und Meditation erreichen. Ohne eine solche Einstellung werden wir weiterhin unsere Gegner öffentlich bloßstellen, erniedrigen und besiegen, statt Win-win-Lösungen anzustreben wie Martin Luther King. Der Einsatz für Win-win- statt für Win-lose-Lösungen setzt ein hohes Maß an spiritueller Entwicklung voraus. Vermutlich war fehlende spirituelle Entwicklung der Grund dafür, dass die Bewegung Martin Luther Kings nicht sehr weit gediehen und sogar auf den Widerstand vieler seiner eigenen schwarzen Mitbürger gestoßen ist. Wirkliche Änderung setzt eine in große Tiefe reichende Bekehrung voraus. Beim Evangelium geht es nicht einfach nur um Politik oder den Protest einer Linkspartei.

Die Gründung des „Zentrums für Aktion und Kontemplation“ in Albuquerque in Jahr 1986 hängt mit meinem damals 15 Jahre währenden Einsatz auf der Straße zusammen. Ich hatte viele wunderbare Menschen kennengelernt, die sich aktiv für soziale Gerechtigkeit einsetzen. Mit ihrer Einstellung und ihren Forderungen an die Politik stimmte ich überein, mit dem Ausmaß ihres Einsatzes, ihren Zielen und ihrer Motivation konnte ich jedoch oft nur wenig anfangen. Sie kamen mir genauso entfremdet, zornig und negativ vor wie die Leute auf der Gegenseite. Das Ego auf der Linken ist genauso problematisch und blind wie das Ego auf der Rechten.

Ziel des „Zentrums für Aktion und Kontemplation" war es, Menschen, die sich um sozialen Wandel bemühen, im kontemplativen Gebet zu unterweisen. Ich war damals der Überzeugung, eine Hälfte meiner Lehrtätigkeit solle der Sozialanalyse, der Befreiungstheologie und der biblischen Tradition der Sozialkritik gewidmet sein, die andere Hälfte dem kontemplativen Gebet. Heute dreht sich unsere Unterweisung vermutlich zu 80 Prozent um die Kontemplation; die Sozialkritik kommt ganz von allein.

Ein echter Wandel des Standpunkts vollzieht sich *von innen her,* von der Position der Macht aus zur Position der Verwundbarkeit und Solidarität. Damit verwandelt sich nach und nach alles. Ist ein Mensch erst einmal frei von seinem Verfolgungswahn und von seinem narzisstischen Glauben, er sei der Mittelpunkt der Welt und seine Rechte und seine Würde müssten gegen die Rechte und die Würde anderer Menschen verteidigt werden, kann er in Gerechtigkeit und Wahrheit leben und handeln. Sind erst einmal diese Blockaden gelöst – das wird durch das kontemplative Gebet bewirkt –, dann führen schon wenige richtungsweisende Aussagen der Sozialanalyse zu umfassendem Verstehen. Wer an diesem Punkt angelangt ist, fühlt sich nicht länger getrieben, sondern von etwas angezogen.

Echte Kontemplation ist meiner Überzeugung nach die subversivste aller Tätigkeiten, denn sie untergräbt das Element, das sich normalerweise nicht untergraben lässt: unseren natürlichen Individualismus und Narzissmus. Alle Menschen bewegen sich in Richtung Ego – beim Älterwerden sogar noch vermehrt –, solange das Ego nicht als die Täuschung bloßgestellt wird, die es ist. Das Ego ist nicht schlecht, negativ ist nur die Überzeugung des Egos, auf es allein komme es an. Menschen ändern sich nur wenig von sich aus; Gott ändert sie, wenn es ihnen gelingt, sich auf dieser Stufe Gott auszusetzen. Darum wird die christliche

Meditation niemals Stadien füllen, denn nicht viele Menschen wollen, dass ihr Narzissmus und ihr Abgegrenztsein als die Albernheit ans Licht kommen, die sie sind.

Der Psychoanalytiker Erik H. Erikson kommt in seiner Analyse der Entwicklungsstufen zu dem Schluss: Wenn der Mensch nicht irgendwann zwischen 50 und 65 „generativ" wird, also nicht nur für sich selbst, sondern auch für die nächste Generation Leben zeugt, landet er in der „Entfremdung". Solche Menschen versuchen nach Eriksons Meinung, sich während ihrer letzten 20 Lebensjahre abzusichern und sind damit grundlegend sich selbst und dem Rest der Welt entfremdet. Seien wir ehrlich: Wir alle kennen eine Menge solcher Menschen. Niemand hat ihnen je gesagt, dass es mehr gibt als das Unternehmen, bloß seinen eigenen Turm zu bauen.

Zuweilen sind sogar unsere eigenen Väter und Mütter der Ansicht, in der letzten Lebensphase gehe es nur noch darum, sich um sich selbst zu kümmern. Ich frage mich, wie unsere Kultur mit hervorragender Bildung, unendlich vielen Möglichkeiten und angeblich großer Erleuchtung derart viele Menschen hervorbringen kann, die in ihren letzten Lebensjahren so kleinkariert werden. Vermutlich sind sie nie zu „generativen" Menschen geworden, weil sie nie etwas vom Evangelium gehört und erst recht nicht gelernt haben, sich die Frohe Botschaft im Rahmen eines echten innerlichen Lebens selbst anzueignen.

Nach verbreitetem Glauben werden in 30 Jahren nicht mehr die USA die Supermacht der Welt sein, sondern China. Wir Amerikaner können uns jedoch keine Welt vorstellen, in der wir nicht ganz oben sind. Doch China könnte tatsächlich zur Welt-Supermacht werden und die europäischen Länder könnten in 100 Jahren stärker von Muslimen und Moscheen geprägt sein als von Christen und Kirchen. Wenn wir uns nicht auf einen erheblichen wirtschaftlichen Wandel einstellen und nicht bereit sind zu einem Abstieg und zu wirklicher Demut, wird das vor uns liegende Jahrhundert für uns ziemlich unerfreulich werden. Werden Gläubige überhaupt noch in der Lage sein, einen Weg zu weisen und den Ton anzugeben? Ich hoffe, unsere Gebetspraxis bereitet zumindest uns Christen auf eine solche Zukunft vor.

Das Bedürfnis nach Initiation

Bis in die Neuzeit gab es in jeder Kultur und auf jedem Erdteil das Phänomen der Männerinitiation. Sie erfüllte ein tiefes menschliches und soziales Bedürfnis; man sah sie anscheinend für das kulturelle Überleben als notwendig an. Die Initiation ist die älteste uns bekannte Form der spirituellen Einweisung in die Welt und kann als „Religion vor Beginn der großen Weltreligionen" gelten. Interessanterweise mussten darin nur Männer unterrichtet werden. Die Frauen lernten auf andere Weisen.

In der Initiation können wir universale Grundzüge der Weisheit erkennen. Sie mussten dem heranwachsenden jungen Mann vermittelt werden; anderenfalls wurde er als nutzloses, gefährliches und wackliges Glied im sozialen Gefüge angesehen. Männer neigen dazu, ihre eigene Macht, ihr eigenes Vorankommen und ihre eigene Karriere auf Kosten anderer durchzusetzen. Sie tendieren stark zum Narzissmus; dieser muss in der Initiation offengelegt und erniedrigt und sodann verwandelt werden in Selbstvertrauen, Tapferkeit und Durchhaltevermögen, die ihren Frauen, Kindern und der Gemeinschaft zugutekommen.

Die Initiation lehrt den jungen Mann in den Frühstadien seines „Turmbaus" einen notwendigen Weg nach unten. Daran soll er sich erinnern, wenn später der Weg des Abstiegs von ihm verlangt wird. Dahinter steht folgender Grundgedanke: *Wenn der heranwachsende junge Mann nicht auf Wege in die Ohnmacht geführt wird, ist damit zu rechnen, dass er seine Macht später für seine eigenen Zwecke benutzt, falsch einsetzt und missbraucht.*

Diese kritische Einsicht ermöglicht ein vertieftes Verständnis der klaren und herausfordernden Lehre über das

Sichhergeben und die Notwendigkeit von Leiden, Demut, Dienen und Gewaltlosigkeit, die Jesus seinen Jüngern vermittelt. Jesus initiierte sie! In diesem Zusammenhang ist die signifikant andere Reaktion der Frauen sowohl auf Jesu bevorstehenden Tod als auch auf seine Auferstehung bemerkenswert. Die Männer lehnten sich gegen Leiden, Demut und Gewaltlosigkeit auf und so musste Jesus diesen Weg ganz allein gehen. Die Ablehnung zeigt sich auch darin, dass wir aus Jesu Ruf in die Nachfolge eine Botschaft gemacht haben, von der er nie gesprochen hat: „Betet mich an!" Jesus anzubeten ist ziemlich harmlos und verlangt nicht viel. Ihm nachzufolgen kostet einen echten Preis.

Wladimir Iljitsch Lenin soll kurz vor seinem Tod in einem Anflug von Weisheit gesagt haben, wenn er die Russische Revolution noch einmal durchzuführen hätte, würde er nicht weitere Bolschewiken versammeln, sondern nach zehn Ausgaben von Franz von Assisi suchen. Ihm war klar geworden, dass etwas mit Herrschaft und Gewalt von oben Auferlegtes die gleiche Reaktion von unten auslöst. Der einzige Kommunismus, der für die Welt jemals hilfreich sein könnte, ist die freiwillige und frohe Einfachheit eines Franz von Assisi.

Das Element der frohen Einfachheit in der Lehre Jesu wurde in der Kirche nie wirklich gelehrt. Man erwartete eine solche Einstellung nicht vom Klerus, zumindest nicht vom höheren Klerus. Wie hätte man sie dann vom Rest der Kirche erwarten sollen oder können? Jesus hat die Anführer angeleitet und nur das von ihnen verlangt, was er vorher selbst getan hat. Er ordinierte sie nicht in erster Linie zu Priestern, sondern initiierte sie als Ältere (den Begriff „Priester" haben seine Jünger überhaupt nicht verwendet).

Sobald der Klerikerstand als Möglichkeit zum Aufstieg in einer Laufbahn gesehen wurde statt als Bewegung nach unten und sobald die Ordination keine Form der Initiation mehr war, sondern ein Aufrechterhalten patriarchalischer Strukturen, wurde eine authentische Predigt des Evangeliums eher zur Ausnahme als zur Norm – und das gleichermaßen bei den Orthodoxen, Katholiken und Protestanten. Die Priesterweihe stand stärker für die Nähe zum Himmel und weniger für die Aufgabe, hier und jetzt unser Leben und unsere Welt zu ändern.

Mir ist schon manchmal der Gedanke gekommen, dass dieses „Nichtpredigen" des Evangeliums einem Vertrag gleicht: Der Geistliche vereinbart mit den Gemeindegliedern, ihnen nichts zu sagen, mit dem ihnen in ihrer Haut nicht wohl wäre. Er hält die Gottesdienste und im Gegenzug bezahlt die Gemeinde sein Gehalt. Das ist eine bequeme Absprache. Änderungen, zum Beispiel die Predigt des wirklichen Evangeliums, würden zum Ausbleiben der Kirchenmitglieder beim Gottesdienst führen. Klare Unterscheidung zu üben und zu einem Leben im Dienst anderer aufzurufen, zu einem Leben, das sich selbst verschenkt, statt sich im Namen Jesu nur selbst abschirmt und für sich selbst sorgt, das ist immer noch möglich. In manchen Gemeinden wird ein solches Leben des Dienstes an den anderen wirklich gelebt, das Evangelium wird also doch hie und da noch gepredigt und gelebt.

Das notwendige Pendel der Geschichte

Ein Blick in die Weltgeschichte zeigt eine ständige Pendelbewegung zwischen zwei Polen; sie stehen für zwei notwendige Werte. Diese beiden notwendigen Werte brauchen einander gegenseitig und müssen sich gegenseitig bestärken. Sie haben etwas mit unserer ersten und unserer zweiten Lebensaufgabe zu tun.

Beim ersten Wert geht es um Ordnung, Gewissheit, Klarheit und Kontrolle. Immer wenn diese Einstellung zu lange vorherrscht oder zu überzogen wird, regt sich unvermeidlich ein kritisches alternatives Bewusstsein – der zweite Wert. Sooft man es mit dem starren Achten auf Gesetz und Ordnung übertreibt, reagiert eine andere Gruppe von Menschen dagegen. Sobald ein Establishment entsteht, regt sich auch bald ein *Dis*-Establishment. Wenn einige wenige über die gesamte Macht verfügen, stellen die Machtlosen völlig andere Fragen und das Pendel schwingt – eventuell – wieder zurück. Auf diese Weise haben sich die meisten Phasen der Geschichte und die meisten Revolutionsbewegungen entwickelt. Diese beiden Extreme ließen sich auf beiden Seiten vermeiden, wenn es mehr initiierte Ältere gäbe, die einen mittleren Weg einhalten könnten.

Die in der globalen politischen Welt allgemein üblichen Begriffe von „Rechten" und „Linken" gehen auf die Generalversammlung in Frankreich zurück, in der rechts vom Thron der Adel und der Klerus saßen (was hatte der Klerus auf dieser Seite zu suchen?) und links vom Thron die Bauern und 90 Prozent der Bevölkerung. Der Rechten geht es normalerweise um die Aufrechterhaltung eines bestimmten Status quo, also um Stabilität, Kontinuität und Autorität. Dieses Bestreben ist ein legitimes Anliegen, das dem Chaos entgegenwirkt. Die Menschen auf der Linken werden aus irgendeinem Grund zunächst für schuldig gehalten und müssen ihre Unschuld beweisen; so zumindest im Kopf vieler Menschen. Gleichwohl ist eine gewisse Form der Rechten notwendig, um die Autorität und Kontinuität einer Kultur zu gewährleisten. Irgendeine Form der Linken ist erforderlich, um Wahrheit und Reform sicherzustellen. So schwingt das Pendel hin und her und vermutlich hoffen wir alle, zur richtigen Zeit zu leben, nämlich dann, wenn das Pendel in unsere Richtung schwingt!

In der biblischen Tradition werden diese beiden Pole symbolisch durch die Könige und die Propheten verkörpert. Der Gegensatz zwischen beiden ist geradezu notwendig. Es gibt nur eine einzige Zeit in der von der hebräischen Heiligen Schrift überlieferten Geschichte, in der beide einigermaßen freundschaftlich miteinander verbunden waren, nämlich als König David die Kritik des Propheten Natan angenommen hat, nachdem dieser ihm seine Sündhaftigkeit vorgeworfen und er die Demut an den Tag gelegt hatte zuzugeben, dass Natan im Recht war: „Ich habe gegen den Herrn gesündigt“ (vgl. 2. Samuel 12).

Die Rechte sieht sich selbst immer auf der Seite von Vernunft, Erfahrung und Zivilisation. Dagegen betrachtet sie die Menschen auf der Linken als stets angetrieben von jenen „albernen“ Volksbewegungen, die sich aus hochgesinnter Ideologie oder unerträglichen Ungerechtigkeiten oder beidem ergeben. Diese Bewegungen sind weder rational noch von Anfang an geplant. Sie ergeben sich aus dem, was die kleinen Leute erlitten haben. Anfangs zählen die kleinen Leute nicht, sie haben keine Presse und keinen Status. Deswegen stützen sie sich auf Symbole, Lieder, Schlagworte und charismatische Führer. Hochmütig haben die Weißen gelacht, als viele Schwarze sangen „We Shall Overcome“. Im Rückblick wird deutlich, dass sich im Kampf gegen den Rassismus wieder das biblische Verlaufsmuster des Exodus zeigt. Martin Luther King legte alle Anzeichen eines biblischen Propheten an den Tag, sogar bis zur Vorhersage seines Todes. Er wusste, wohin ihn diese Art von Wahrheit führen würde. Doch die meisten Christen waren blind dafür und viele sind es noch heute, obwohl sie behaupten, die Geschichte vom Exodus gefalle ihnen!

Die politische Geschichte und die Kirchengeschichte wurden weithin von Menschen der Rechten beherrscht und geschrieben, weil diese über Bildung verfügen. Die Bibel dagegen legitimiert nicht Menschen an der Spitze, sondern unablässig diejenigen ganz unten. *Die Bibel ist einer der wenigen subversiven Texte der Weltgeschichte.* Es kann geradezu ermüdend sein, immer wieder zu lesen, dass der abgelehnte Sohn, die unfruchtbare Frau, die Sünderin oder der Sünder von Gott auserwählt wird! Aus ihrer Ohnmacht erschafft Gott Macht. Das gleicht dem Ersten Schritt des Zwölf-Schritte-Programms der „Anonymen Alkoholiker“. Der erste notwendige spirituelle Schritt – für uns alle, nicht bloß die Süchtigen – ist die Wahrnehmung, dass wir ohnmächtig sind. Es ist ein weiter Weg der Klärung und Bekehrung bis zu Gebet und Meditation, durch die wir unserer höheren Macht näher kommen.

Normalerweise dient die etablierte Theologie der Legitimierung dessen, was wir bereits tun und woran wir uns *halten müssen,* um unsere Institution aufrecht zu erhalten. So wurde etwa 1545 auf dem Konzil von Trient erklärt, es gebe sieben Sakramente, es habe schon immer sieben Sakramente gegeben und es werde immer sieben Sakramente geben. Das trifft eindeutig nicht zu, wurde aber damals zur katholischen Praxis. Angesichts der abweichenden Auffassung Martin Luthers konnte der Katholizismus von der Siebenzahl schlecht abrücken und so behauptete er fälschlicherweise, sie habe schon immer gegolten. In Wirklichkeit gab es die längste Zeit unserer Geschichte hindurch nur zwei Sakramente, nämlich das der Taufe und das der Eucharistie. Auch in der Geschichte der Sakramente zeigt sich eine Pendelbewegung zwischen den Bedürfnissen der Linken (der Laien) und den Ansprüchen der Rechten (des Klerus). Hätten sich tatsächlich die Ansprüche der Linken durchgesetzt, gäbe es vermutlich statt sieben eher siebzig Sakramente, so zum Beispiel noch die Sakramente der Fußwaschung, der Vergebung für gescheiterte Ehen, des gemeinsamen Gebets über die Kranken, der Klageliturgie, des Agapemahls, der öffentlichen Versöhnung, der Reinigung der Krieger nach dem Krieg usw.

Es hat bis in die zweite Hälfte des 20. Jahrhunderts gedauert, bis die Linke erstmals eine öffentliche und legitime Stimme bekam. Bei jedem Pendelausschlag in Richtung Gerechtigkeit wurden bis ins vorige Jahrhundert hinein die Massen, die Unteren immer als subversiv und verräterisch angesehen. Wie hätte es auch anders sein sollen, nachdem sogar die Kirche von oben herabsah und man die Bibel zur Literatur des Establishments gemacht hatte, obwohl sie es ganz eindeutig nicht ist. *Genau wie die meisten Schriften aus dem Großteil der Geschichte betont auch die Bibel Gesetz, Autorität und Tradition. Doch darüber hinaus spricht sie sich für Reform und Veränderung und für diejenigen aus, die keine Stimme haben – und stärkt diese sogar.* Das macht die Bibel zu einem inspirierten Buch.

Diese biblische Bevorzugung derer, die unten sind, wurde inzwischen in die Konstitutionen von 86 Prozent aller Ordensgemeinschaften auf der Welt übernommen. Im Ordensleben geht es also um ein alternatives Bewusstsein. Manche bezeichnen diese Bevorzugung als eine „Option für die Armen". Es handelt sich tatsächlich um eine *Option*, eine *freie Entscheidung*, also eine Gnade. Sie entstammt einer inneren Freiheit, sonst wäre sie nicht von Gott. Die Bevorzugung der Menschen ganz unten ist die endgültig gewählte Option der Bibel. Mit anderen Worten: *Die Bibel ist parteiisch.* Sie stellt sich auf die Seite der Abgelehnten, der Armen, der im Stich Gelassenen, der unfruchtbaren Frauen und derjenigen, die man ausschließt, foltert und draußen hält. Das gesamte Leid ist in Jesus selbst zusammengefasst.

Die Parteilichkeit Gottes

Warum fordern die Bibel und Jesus, sich der Armen und Außenseiter anzunehmen? *Um unserer eigenen Bekehrung willen müssen wir auf dieser Seite stehen.* Wir müssen die Barmherzigkeit Gottes, die Vergebung Gottes, die Gnade Gottes begreifen lernen. All das brauchen wir selbst: Wir sehnen uns danach, wir warten darauf. Wenn wir zu selbstgefällig und selbstzufrieden sind, sehen wir in Gnade und Barmherzigkeit keinen Sinn. Dann wünschen wir uns überhaupt keine Vergebung. Wenn wir meinen, wir könnten uns selbst am eigenen Schopf aus dem Sumpf ziehen, ist unsere Religion zwangsläufig verderbt, denn dann erfasst sie nicht das Geheimnis, wie das göttliche Leben übertragen wird, wie Menschen sich ändern können und wie das Leben fließt. Man könnte sagen, dass Religion weithin Sache der Menschen ist, die Angst vor der Hölle haben, die Spiritualität dagegen etwas für Menschen, die durch die Hölle gegangen sind. Alle Initiationsriten bedeuten: Wir müssen sterben, bevor wir sterben. Dann sind wir Wissende.

Jesus steht immer auf der Seite der Gekreuzigten. Er wechselt augenblicklich die Seite, um sich immer dahin zu stellen, wo gelitten wird. Jesus ist nicht solidarisch mit einer Religion oder mit dieser oder jener Gruppe oder mit den Würdigen, sondern *immer solidarisch mit den Leidenden.* Das stellt alle unsere üblichen Standpunkte infrage: Jesus ist genauso solidarisch mit den leidenden irakischen Soldaten wie mit den leidenden amerikanischen Soldaten. Er ist genauso solidarisch mit einem ausgegrenzten Homosexuellen wie mit einer ausgegrenzten verheirateten Frau. Jesus nimmt uns alle Grenzen weg und plötzlich bleibt uns nur eines übrig: uns im freien Fall in die Arme Gottes stürzen zu lassen. Sie sind unsere einzige Sicherheit. Genau das ist Gottes Programm, wenn ich der Bibel glauben soll.

Gott ist auf der Seite des Schmerzes, wo immer dieser Schmerz ist. Gott ist auf der Seite alles Leidens der Menschen, sogar auf der Seite der von den Nazis irregeleiteten deutschen Soldaten. Das zeigt, wie irrsinnig jeder Krieg ist. Wie sollten wir töten können, wenn überall Jesus ist? Wie sollten wir Jesus ausschließlich für uns in unserer eigenen Gruppe oder Religion oder unserem eigenen Land in Anspruch nehmen können? Jeder Versuch, einen Krieg als gerecht zu rechtfertigen, bedeutet, Jesus zu erschießen, wenn ein vietnamesischer Bauer oder eine irakische Mutter getroffen wird. Jesus ist das, was man in der Mythologie einen „Gestaltwandler" nennt. Niemand, der auf Macht aus ist, kann ihn für seine privaten Zwecke ausnutzen. Alle, deren Herz für das Leiden der Menschen offen ist, werden überall Jesus sehen. Ihre alte dualistische Denkungsart wird ihnen immer weniger helfen, denn der Gestaltwandler verwandelt am Ende auch unsere eigene Gestalt.

In keiner einzigen Heilungsgeschichte im Evangelium verlangt Jesus, dass ein Mensch seiner Religion angehören muss, dass seine erste Ehe annulliert sein muss, dass er rechtmäßig die Sakramente empfängt, dass er rechtgläubig ist (dieses Wort findet sich überhaupt nicht in der Bibel) oder dass seine sexuelle Ausrichtung stimmt. Wie können wir uns um derart eindeutige Botschaften drücken? Die einzige einfache Vorbedingung dafür, von Jesus berührt und geheilt zu werden, ist der Wunsch danach.

Die einzigen Menschen, die von Gott geheilt werden wollen, sind diejenigen, die sich danach sehnen, weil Schmerzen und Leiden ihr Herz leer gemacht haben. Sie rufen laut wie der Blinde am Straßenrand: „Jesus, Sohn Gottes, hab Erbarmen mit mir!" und Jesus tritt direkt zu ihnen hin, wie er das mit allen tut, die ihn darum bitten.

Die Diskrepanz zwischen der wahren Botschaft des Evangeliums und der kirchlichen Verkündigung hat einer meiner Ordensbrüder so in Worte gefasst: „Diese Kirche wird mir immer schwerer verständlich. Wir behaupten, die perfekte Medizin zu haben, die heilende Kraft, um Herzen und Seelen wieder aufrichten und erneuern zu können, aber wir scheinen den Menschen immerfort zu sagen: ‚Passt auf, dass ihr das nicht wirklich braucht! Denn wenn ihr das wirklich braucht, seid ihr alles andere als ideale Kirchenmitglieder!' Vergebung, Versöhnung, Mitgefühl und Heilung scheinen bloße Zugeständnisse an Unglückliche zu sein, aber nicht eigentlich der Weg zum Heil. Aber in Wirklichkeit macht doch all das die Natur Gottes aus. *So sorgt dafür, sorgt um jeden Preis dafür, dass ihr das alles immer braucht!*"

In der Eucharistie bewegen wir uns über die bloßen Worte hinaus und kommen an den Ort, an dem wir über das Mysterium nicht mehr reden, sondern beginnen, es zu essen und zu kauen. In der Eucharistie verlegen wir unser Wissen auf die Ebene des Physikalischen, Emotionalen und der Zellvorgänge. Es ist für Gott leichter, Brot von seiner heiligen Identität zu überzeugen als Menschen von der ihren. Es ist für Gott leichter, Wein davon zu überzeugen, was er ist: Der Wein hat kein Problem damit zu wissen, dass er das Blut Christi ist. Wir Menschen haben damit Probleme. In der Eucharistie wird der Mensch weiterhin ernährt mit dem Brot und dem Wein, die glauben, was sie sind und wer sie sind – eine perfekte Arznei. Eines Tages wird unserem Herzen dämmern: „Mein Gott, ich bin, was ich esse!" Damit werden endlich die beiden Präsenzen zur einen und einzigen Realpräsenz werden. Die Eucharistie ist keine Belohnung für gutes Verhalten, sondern Medizin und Nahrung für Sünder und für solche, die gar nicht wissen, dass sie der Leib Christi sind.

Diejenigen neuronalen Verlaufsbahnen, die der Mensch bevorzugt und ständig verwendet, schleifen sich dem Gehirn als feste Muster ein. Das heißt, wenn ein Mensch aufhört, alternativ zu denken, sterben die alternativen Denkweisen. Bei vielen Menschen übernehmen die neuronalen Verlaufsbahnen, die er vorzugsweise nutzt, in seinen Vierziger- und Fünfzigerjahren das Kommando. Das ist vermutlich der Grund, weshalb so viele alte Menschen nicht besonders interessant sind: Ihnen sind noch vier oder fünf neuronale Verlaufsbahnen übriggeblieben und sobald sie den Mund aufmachen, wissen wir schon, was sie sagen werden. In ihren Reaktionen ist nichts Originelles, Frisches und Spontanes mehr und folglich erfahren wir nichts Neues mehr von ihnen.

In unseren Kulturen fehlen formelle Übergangsriten. Auch die kirchlichen Initiationssakramente sind meiner Meinung viel zu verharmlost und klerikalisiert worden. Christen, die meditieren, sind Menschen, die sich selbst initiieren. Auf lange Sicht kann die Treue zur kontemplativen Praxis zur gleichen radikalen inneren Erneuerung führen wie gute Sakramente und formelle Initiationsriten.

Kontemplation ist radikal, denn der kontemplative Mensch versucht, an die Wurzel zu kommen, an den zugrunde liegenden Ort, an dem Illusion und Ego erzeugt werden. Sie rührt an das Unbewusste, in dem die meisten unserer Wunden und Bedürfnisse nach Heilung stecken. Meditation oder Kontemplation ist eine Möglichkeit, wie der nächsten Generation und der Kirche tatsächlich qualifizierte Älteste erwachsen können statt bloß alter Leute.

Hoffnung, mehr als bloße Fantasie

Hoffnung ist die Frucht der erworbenen Fähigkeit, in Weisheit und demütig leiden zu können. Ein leidender Mensch kommt aus allem *weiter* heraus und diese *Weite* wird seine Hoffnung. Das Ego braucht für sein Aufblühen Erfolg, der Seele reicht dafür Sinn. Das Evangelium schenkt dem menschlichen Leiden tiefen, persönlichen und kosmischen Sinn, indem es unseren Schmerz mit dem Schmerz anderer und letztlich mit dem „Schmerz Gottes" um die Welt verknüpft. Jede Form der Kontemplation ist ein zunehmender freier Fall in eine solche Fülle hinein, also in das, was ich als „vereintes Feld" bezeichne. Es gibt immer eine tiefe, befriedigende, wirklich überraschende und dennoch sichere Hoffnung. Logisch begründen lässt sie sich nicht.

Menschen, die auf diese Weise beten, tun sich selbst etwas ungemein Gutes oder, wie Jesus sagt, sie bekommen schon jetzt das Hundertfache und in der kommenden Welt das ewige Leben (vgl. Markus 10,30-31). Was wir jetzt haben, werden wir auch dann haben. Warum sollte uns Gott nicht später das Einssein mit ihm schenken, wenn er es uns schon jetzt in großer Freiheit, gratis und unverdient gibt? Warum sollte Gott seine Handlungsweise ändern? Wer inneres Einssein lebt, also ein kontemplatives Leben führt, *übt schon jetzt für den Himmel.* Gott hält unsere Widersprüche jetzt zusammen. Warum sollte er das später nicht mehr tun? Gott ermöglicht uns, dass alles „wie im Himmel, so auf der Erde" ist (vgl. Matthäus 6,10), und zwar jedes Mal, wenn wir die augenblicklichen Konflikte zulassen, annehmen und vergeben und in Frieden und Freiheit bei der Meditation sitzen. Ein Leben ohne solche

Widersprüche ist nur ein halbes Leben, aber wir sind die Anhänger des Einen, der alle scheinbaren Gegensätze der Schöpfung zusammenhält.

Kontemplation ist keine Fantasie, kein Tun-als-ob, kein Tagtraum, sondern das Aufblühen von Geduld und ständiger Ausdauer, die die Welt auch auf globaler Ebene zu verwandeln vermag. Ich habe zu zeigen versucht, dass es zwischen der inneren Revolution des Gebets und der Verwandlung sozialer Strukturen und des sozialen Gewissens einen tiefen inneren Zusammenhang gibt. Im Buch der Weisheit heißt es: „Eine große Anzahl von Weisen ist Heil für die Welt“ (Weisheit 6,24). Unsere Hoffnung gründet sich darauf, dass die Meditation zuerst uns selbst und dann zunehmend auch die Gesellschaft verwandelt. In unserem Programm „Men as Learners and Elders“ (M.A.L.E.; Männer als Lernende und Älteste) haben wir in aller Bescheidenheit und dennoch ambitioniert unsere Hoffnung formuliert, dass unser Werk bis in fünf Generationen im Westen die Praxis der Männerinitiation wieder eingeführt haben wird. Es scheint, dass Gottes Wirken in solchen Langzeiterwartungen zu erkennen ist und dass er uns in aller Güte einlädt, uns auch selbst auf einen solchen geduldigen Prozess einzulassen.

Die heutige Weltlage kann sehr düster wirken. Wir erleben eine Regression, und zwar im Theologischen in Richtung einer fundamentalistischen Religion, deren Vertreter der Auffassung sind, dass sich alle religiösen Fragen unter Berufung auf eine Autorität (entweder die der Hierarchie oder der Heiligen Schrift) lösen lassen. Die Vertreter dieser Regression haben kein Bedürfnis nach einem tiefen Gebetsleben. Sie ziehen die innere Autorität in Zweifel bzw. fürchten sie, obwohl doch gerade die innere Autorität den neuen Bund darstellt, den Jesus und Jeremia verheißen haben. Aus dem amerikanischen Wirtschaftssystem ist jegliches Mitleid gewichen, weithin haben wir unsere biblische Verantwortung für die Armen aufgegeben. Unsere Politik und unsere Kirchen scheinen von Angst und Wut beherrscht zu werden. Das Gleiche ist auch in vielen anderen Teilen der Welt zu beobachten. Die negativen Kräfte sind sehr stark, dagegen fühlt sich die progressive Entwicklung von Bewusstsein und Liebe zuweilen äußerst schwach an, doch das ist sie in Wirklichkeit nicht. Menschen wie Joanna Macy[1], David Korten[2], Ken Wilber[3] und Thomas Berry[4] sprechen von einer „Großen Wende" oder einem „Integralen Bewusstsein". Im Römerbrief schreibt Paulus die wunderbare Zeile: *„Wo jedoch die Sünde mächtig wurde, da ist die Gnade übergroß geworden"* (Römer 5,20). Das scheint mehr als wahr zu sein. In immer mehr Ländern lassen sich Anzeichen dafür erkennen, dass der Heilige Geist auf allen Ebenen der Gesellschaft wirkt. Es könnte durchaus sein, dass die Kirche ihre Aufgabe als Sauerteig weithin erfüllt hat, der Teig aber außerhalb aufgeht, denn ein Großteil der Reform und Erleuchtung, des Mitgefühls und heilenden Wirkens geschieht außerhalb des Rahmens der organisierten Religion.

Betrachten wir beispielsweise den Begriff „Gewaltlosigkeit". Vor 100 Jahren existierte dieses Wort noch nicht, denn die Vorstellung von Gewaltlosigkeit fehlte. Jesus hat ein gewaltfreies Leben geführt und Gewaltlosigkeit bis zu seinem Tod gelehrt, doch der gesamten Welt, die auf seine Lehre zurückgeht, war diese Vorstellung derart fremd,

---

1 Joanna Macy, Jahrgang 1929, in den USA bekannte Umweltaktivistin, Autorin, Expertin für Buddhismus, Allgemeine Systemtheorie und Tiefenökologie (Anm. d. Ü.).

2 David Korten, Jahrgang 1937, amerikanischer Wirtschaftswissenschaftler, Autor und früherer Professor der Harvard Business School, politischer Aktivist und prominenter Kritiker der Globalisierung der Konzerne (Anm. d. Ü.).

3 Ken Wilber, Jahrgang 1949, auch in Deutschland bekannter amerikanischer Autor, schrieb über Mystik, Philosophie, Ökologie und Entwicklungspsychologie und versuchte mit seinem Gesamtwerk eine „Integrale Theorie" zu entwickeln (Anm. d. Ü.).

4 Thomas Berry (1914–2009), amerikanischer katholischer Priester im Passionisten-Orden, Kulturhistoriker und Ökotheologe (Anm. d. Ü.).

dass sie zunächst überhaupt kein Wort dafür hatte. Heute dagegen ist ein achtsames Bewusstsein für Gewaltlosigkeit so weit entwickelt, dass wir darüber sprechen können. Auch „Gerechtigkeit" war in der katholischen Kirche, in der ich aufgewachsen bin, noch kein gängiges Wort und auch nicht, wie bereits gesagt, das Wort „Heilung". Dieses Wort gehörte bis in die 1970er Jahre in vielen christlichen Kirchen und Richtungen überhaupt noch nicht zum Sprachgebrauch. *Gibt es aber erst einmal das Wort, dann entwickelt sich damit auch das entsprechende Bewusstsein.* Wir sind das Volk, das aus dem Fleisch gewordenen Wort hervorgegangen ist, und dieses Wort nimmt immer mehr Fleisch und Blut an, auch wenn das noch nicht allgemein deutlich ist. Die Seherinnen und Seher aber können es bereits erkennen.

Kein Papst, keine Skandale und keine Verschwörung der Rechten oder Linken können diese Entwicklung mehr stoppen. Genügend Menschen erkennen das große Bild, das Jesus mit seiner packenden und betörenden Vision vom Reich Gottes aufgezeigt hat. Genügend Menschen begeben sich ernsthaft auf einen inneren Weg; es bleibt nicht bei bloßer Ideologie oder Theorie. Zum ersten Mal kann sich diese Reformation auf breiter Front von innen her entwickeln, und zwar auf positive, gewaltlose Weise. Sie vollzieht sich nicht bloß von oben nach unten, sondern viel stärker von unten nach oben, nicht von außen nach innen, sondern von innen nach außen. Nicht der Klerus stößt dazu die Laien an, sondern das „vereinte Feld" leitet sie an. Dort haben Klassenunterschiede nur geringe Bedeutung. Die großen Fragen finden sich auf einer friedlichen und grundlegenden Ebene behandelt und es besteht keine Notwendigkeit zu Widerstand, Leugnung oder Ablehnung. Angesichts der Tatsache, dass jetzt 7 Milliarden von Gottes menschlichen Geschöpfen auf diesem Planeten leben, spürt man geradezu das Drängen des Heiligen Geistes. So vieles müssen wir lieben, willkommen heißen und leben lassen.

Die kontemplativen Menschen stehen bei einer solchen Reform an vorderster Front. Gruppen wie „Contemplative Outreach"[5] und die „World Community for Christian Meditation"[6] sind auf prophetische Weise ökumenisch. Nach meiner festen Überzeugung besteht die einzige Zukunft der christlichen Kirche, des einen Leibes Christi, darin, dass sie ökumenisch handelt und alles miteinander teilt (vgl. Epheser 4,1-6). Jede unserer verschiedenen Traditionen hat das eine oder andere Juwel in der großen Krone, die der kosmische Christus darstellt, bewahrt und gepflegt. Nur gemeinsam können wir die Einheit des Geistes erreichen, indem wir lernen, einander gegenseitig in Liebe untertan zu sein. Bei gemeinsamem kontemplativem Sitzen in der Stille und bei Gebetsveranstaltungen ist vieles, worin wir uns in Geschichte, Ritualen und Sprachen unterscheiden, keine Hilfe und zudem kaum mehr wichtig.

Es mag der Eindruck entstanden sein, dass ich in Bezug auf den Katholizismus, die organisierte Religion und in Bezug auf Amerika überzogen kritisch bin. Genau diese Institutionen sind es jedoch, die mir die Kriterien für dieses Buch liefern. Alles, was ich zu kritisieren wage, messe ich an unseren öffentlichen Werten, unseren Grundsatzdokumenten und der Heiligen Schrift. Wäre ich nicht im Schmelztiegel des Katholizismus festgehalten, zugleich aber gegen dessen und auch meine eigenen Ungereimtheiten gefeit, wüsste ich wahrscheinlich überhaupt nichts.

---

5 Ein 1983 vom amerikanischen Trappisten Thomas Keating gegründetes, inzwischen internationales und ökumenisches Netzwerk von Menschen, die das von ihm entwickelte Centering Prayer („Gebet der Stille", „Ruhegebet") üben wollten. Siehe www.centeringprayer.com (Anm. d. Ü.).

6 Die WCCM wurde 1991 als Netzwerk zur Pflege und Verbreitung der vom kanadischen Benediktiner John Main (1926–1982) entwickelten Meditationsmethode gegründet. Ihr internationales Zentrum ist in London, ihr derzeitiger Leiter der bekannte Benediktiner und Autor Laurence Freeman. Siehe www.wccm.org, www.wccm.de (Anm. d. Ü.).

Hätte ich alles nur in meinem eigenen Kopf bewegt und ohne die Anleitung durch die Heilige Schrift und die Tradition, würde ich mich gar nichts zu sagen trauen.

Echter Fortschritt und unsere Hoffnung sind nicht auf naive Weise optimistisch. Sie verlaufen nicht geradlinig und nicht ohne Rückschritte. Der spirituelle Fortschritt entwickelt sich paradoxerweise durch Tragödien und Versagen hindurch und am Ende „finden wir reines Gold", wie C.G. Jung formuliert, nämlich das Gold der Evangelien und – das überrascht am meisten – das verborgene Gold unserer eigenen Seele und das liebenswerte Gold des Lebens selbst. Und alles ist Geschenk.

Man könnte sogar sagen, dass unser „fester Standort" unser bester und größter „Hebel" wird, um die Welt zu bewegen. Unser freier Fall in das reine Sein wird unser bestes Handeln.

Literatur

Augustinus, Aurelius: Bekenntnisse, Ditzingen 1989

Benedikt von Nursia: Die Benediktsregel, hg. von Ulrich Faust, Ditzingen 2009

Berry, Thomas: Das Wilde und das Heilige. The Great Work – Unser Weg in die Zukunft, Uhlstädt-Kirchhasel 2011

Berry, Thomas/Swimme, Brian: Die Autobiographie des Universums, München 1999

DeMello, Anthony: Meditieren mit Leib und Seele. Neue Wege der Gotteserfahrung, Kevelaer 2008

Erikson, Erik H.: Identität und Lebenszyklus. Drei Aufsätze, Frankfurt/Main 2008

Franz von Assisi: Die Demut Gottes. Meditationen, Lieder und Gebete, hg. von Anton Rotzetter/Elisabeth Hug, Ostfildern 1999

Franz von Assisi: Fioretti. Gebete, Ordensregeln, Testament, Briefe, Zürich 2010

Macy, Joanna: Geliebte Erde, gereiftes Selbst. Ermutigung zum sozialen Wandel und für eine ökologische Erneuerung, Paderborn 2009

Macy, Joanna: Die Reise ins lebendige Leben. Strategien zum Aufbau einer zukunftsfähigen Welt. Ein Handbuch, Paderborn 2011

Main, John: Das Herz der Stille. Anleitungen zum Meditieren, Freiburg 2000

Main, John: Die Sehnsucht nach Tiefe und Sinn. Meditieren mit John Main, Bielefeld 2008

Main, John: Meditieren mit den Vätern. Gebetsweise in der Tradition des Johannes Cassian, Münsterschwarzach 1995

Merton, Thomas: Christliche Kontemplation. Ein radikaler Weg der Gottessuche, München 2010

Merton, Thomas: Im Einklang mit sich und der Welt, Zürich 2009

Merton, Thomas: Sich für die Welt entscheiden, Freiburg 2009

Rohr, Richard: Befreiung vom Ego. Wege zum wahren Selbst, München ^{2}2010

Rohr, Richard: Endlich Mann werden. Die Wiederentdeckung der Initiation, München ^{2}2009

Rohr, Richard: Hiobs Botschaft. Vom Geheimnis des Leidens, München ^{4}2010

Rohr, Richard: Ins Herz geschrieben. Die Weisheit der Bibel als spiritueller Weg, Freiburg 2008

Rohr, Richard: Nur wer absteigt, kommt auch an. Die radikale Botschaft der Bibel, München ^{2}2010

Rohr, Richard: Pure Präsenz. Sehen lernen wie die Mystiker, München ^{4}2011

Rohr, Richard: Vom Glanz des Unscheinbaren. Franziskanische Spiritualität, München 2007

Rohr, Richard: Vom wilden Mann zum weisen Mann, München ^{2}2009

Rohr, Richard: Wer loslässt, wird gehalten. Das Geschenk des kontemplativen Gebets, München ^{8}2010

Rohr, Richard/Ebert, Andreas: Das Enneagramm. Die 9 Gesichter der Seele, München ^{46}2010

Rohr, Richard/Feister, John Bookser: Hoffnung und Achtsamkeit. Der spirituelle Weg für das 21. Jahrhundert, Freiburg 2010

Wilber, Ken: Integrale Spiritualität. Spirituelie Intelligenz rettet die Welt, München 2007

Wolke des Nichtwissens und Brief persönlicher Führung. Der Klassiker der Kontemplation, hg. von Willigis Jäger, Freiburg 2011

Über die World Community for Christian Meditation

John Main begann 1975 mit seiner Arbeit im ersten Christian Meditation Centre in London, 1991 entstand die World Community for Christian Meditation. Sie führt John Mains Meditationsunterricht weiter und folgt seinem Bemühen, der Kontemplation als Element des christlichen Glaubens im kirchlichen Leben wieder Raum zu geben.

Die World Community for Christian Meditation wird heute von dem Benediktiner Laurence Freeman, einem Schüler John Mains, geleitet. Die internationale Zentrale und ein Einkehrhaus befinden sich in London. Niederlassungen bestehen in allen Teilen der Welt. Die World Community for Christian Meditation ist ein Kloster ohne Mauern, eine Familie nationaler Zusammenschlüsse und wachsender Gemeinschaften in über 100 Ländern. Grundlage der Community sind die örtlichen Meditationsgruppen, die sich wöchentlich in Wohnungen, Gemeindehäusern, Büros, Krankenhäusern, Gefängnissen und Schulen zusammenfinden. Die World Community for Christian Meditation arbeitet eng mit zahlreichen christlichen Kirchen zusammen.

Jährlich findet ein John-Main-Seminar statt. Die Community fördert Exerzitien, unterhält Schulen zur Ausbildung von Meditationslehrern und veranstaltet Seminare, Vorträge und andere Programme. In neuerer Zeit trägt die World Community for Christian Meditation zum interreligiösen Dialog mit dem Buddhismus und dem Islam bei. Eine vierteljährlich erscheinende Zeitschrift mit Informationen und Neuigkeiten über die Community ist auch online zugänglich. Wöchentliche Rundschreiben können über E-Mail bezogen werden. Informationen über aktuelle Programme, Kontaktadressen zur nationalen Ebene und Daten zu Meditationsgruppen vor Ort finden sich auf der Homepage der Community. Sie bietet darüber hinaus eine Auswahl an Audio- und Videobeiträgen. Die World Community for Christian Meditation ist im Internet zunehmend präsent mit Homepages von nationalen Gemeinschaften und zu speziellen Themen, beispielsweise zur Vermittlung von Mediation an Kinder oder zur kontemplativen Spiritualität von Geistlichen.

Über „Medio Media" bietet die World Community for Christian Meditation Bücher, CDs und DVDs zur Unterstützung der Meditation an.

The World Community for Christian Meditation
St Mark's, Myddelton Square
London EC1R 1XX, UK
Tel. +44 20 7278 2070
Fax +44 20 7713 6346
welcome@wccm.org
www.wccm.org
www.wccm.de (Deutschland)
deborah.walton@gmail.com (Kontakt in der Schweiz)

RICHARD ROHR BEI CLAUDIUS

ALLES IST EINS

Unser Erleben und Denken ist geprägt von Gegensätzen: wahr oder falsch, gut oder böse, Gott oder Mensch. Von den Mystikern aller großen Religionen können wir lernen, das dualistische Denken zu überwinden und mit Paradoxien zu leben, denn: Alles ist eins, das Leben ist pure Präsenz.

Pure Präsenz
Sehen lernen von den Mystikern
ISBN 978-3-532-62413-5, 224 S.

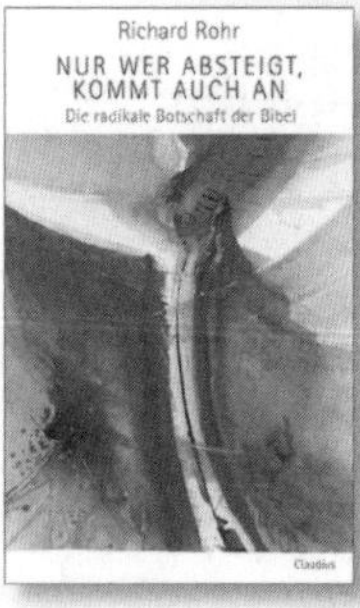

DIE WAHRE BOTSCHAFT DER BIBEL

Die Botschaft Jesu und der biblischen Propheten ist radikal: Nicht ständiger Aufstieg macht das wahre Menschsein aus, sondern die liebende Annahme unserer Schwächen und Niederlagen. Leidenschaftlich plädiert Richard Rohr dafür, den Abstieg zu wagen.

Nur wer absteigt, kommt auch an
Die radikale Botschaft der Bibel
ISBN 978-3-532-62387-9, 120 S.

LASSEN SIE SICH VERWANDELN!

Der große Lehrer Richard Rohr bringt seine zentralen Thesen auf den Punkt: Wandel und Erneuerung der Gesellschaft, der Kirchen und des einzelnen Menschen sind unausweichlich. Freiheit, Gerechtigkeit und persönliches Wachstum stehen uns offen, wenn wir begreifen, was radikale Veränderung bedeutet.

Verwandlung
Was radikale Veränderung bedeutet
ISBN 978-3-532-62426-5, 128 S.